事例に学ぶ
介護リスクマネジメント
事故・トラブル・クレーム対応
60のポイント

山田 滋 著

中央法規

はじめに

　15年前、私が介護現場でリスクマネジメントの勉強を始めたころ、東京都練馬区社会福祉事業団の施設と月1回「事故事例検討会」をすることになりました。まずは現場で起きている事故を詳しく知らなければなりませんし、どんな事故にどんな防止対策が可能なのかを見極めなければならなかったからです。

　まず驚かされたのは、"よくわからない事故"が多いということです。転倒事故の半数は誰も見ていないところで起こりますから、事故状況も事故原因も想像するしかありません。そして、これに輪をかけてわからないのが事故が起きたときの家族の反応でした。感情的になる人、思っていても口に出さず役所に苦情を言う人、施設と信頼関係ができていると安心していたら「訴訟を起こす」と言って来る人……、本当にさまざまでした。家族は利用者の生活ぶりも介護職員の対応も見ていませんから、期待していた安心感を裏切られたと感じるのでしょう。

　私たちはこの事故事例検討会で、原因分析と再発防止策など事故防止対策の検証を行った後、事故発生時の対応と事故発生後の家族対応についても検証することにしました。この検証から学んだことは、「ただ漫然と家族の不満に対応しているだけでは、トラブルはどんどん大きくなる。あらかじめ家族が納得する対応方法も研究しておかなければならない」ということです。介護現場では想定外の事故がたくさん起こり、想定外の家族の反応に悩まされます。これを解決するには、多くの事例から事故防止対策を学ぶとともに、家族対応の方法も研究することが必要です。

　そのような目的に沿って本書では施設の現場で頻繁に起こる事故事例から、防止対策、発生時の対応とともに、家族トラブルについてもその備え方を具体的に示しました。他の施設で起きた事故やトラブルは、いつか自分の施設で必ず起きると考えて、施設内、法人内で事故事例を共有し防止対策と家族対応を考えることが最強のリスクマネジメントです。本書が介護現場で頑張る職員のみなさまのお役に立てれば幸いです。

2020年12月

山田　滋

事例に学ぶ 介護リスクマネジメント
事故・トラブル・クレーム対応 60のポイント

もくじ

第3部　クレーム対応

資料編（お役立ちツール集）

第**1**部

介護リスクマネジメントの基本

chapter 1

なぜ事故防止活動をしても
事故は減らないのか

介護現場の事故の特異性

「事故防止活動に一生懸命取り組んでいるが事故が減らない」という声を介護現場でよく聞きます。職員はヒヤリハットシートをたくさん書いて提出し、事故防止委員会を開いて事故やヒヤリハットの集計をしているのに、成果が上がらないというのです。

ヒヤリハット活動はもともと労災事故の防止活動の手法として、建設現場や製造業において確立されたものです。労災事故の場合、事故の発生主体は労働者です。事故原因も労働者自身の非安全行動が約9割となっているので、労働者への安全ルールの徹底や安全予測などの教育によって、そのリスクが是正可能です。たとえば、作業靴の靴紐をきちんと結んでいなかったために高所で転倒しそうになるというヒヤリハットが発生した場合、作業前に靴紐を点検することで事故を未然に防げます。

しかし、**介護は生活を支援する仕事**なので、自分の行動に非はなくても、利用者の行動が原因で事故が起こることがあります。つまり、介護現場の事故は、建設現場等の労災事故のように危険をあらかじめ自覚するだけでは、防ぐことが不可能なのです。さらに、生活には定型がないので予想もつかないことが起こります。ですから、どんなに**たくさんのヒヤリハット情報を集めてもそのルール化は難しい**のです。

まずは、介護業界で行ってきた事故防止活動の基本的な考え方や方法を見直すことから始めましょう。

私は介護現場の人たちとチームを組み、介護という仕事の目的や意義を踏まえて、介護の現場にふさわしい事故防止活動のあり方を探ってきました。本書では、そのノウハウをお伝えしていきます。

新しい事故防止活動の提案

これまでの介護現場における事故防止活動は、「事故は職員のミスが原因で起こる」という考えのもと、「職員がミスをしないように管理する」が一般的な手法でした。「もっと慎重に」「もっと注意深く」と指導することで、ミスや事故が減ると考えられていたのです。しかし、さきほど述べたように、介護現場の事故は職員のミスだけが原因で起こるものではありません。また、職員のミスによる事故だとしても、その原因はそれぞれ異なるので、「慎重に」「注意深く」と言うだけでは事故防止にはつながりません。

それを改善するために生まれたのが、**新しい事故防止活動の考え方**です。**人は誰でもミスをする**ことを前提に、事故防止に取り組むのです。その考え方のポイントを紹介します。

▨ ミスには必ず原因がある ▨

たとえば、ベッドから車いすへの移乗介助中に利用者を転倒させる事故が起きたとします。このとき、職員は「私の不注意が原因です。今後はもっと注意深く移乗介助を行います」と事故報告書に記載しました。

しかし、この記述では事故の原因がわかりません。この車いすにはフットサポートが開く・アームサポートが上がるという機能が備わっていませんでした。そのため、移乗時にフットサポートに足が引っかかったり、アームサポートにお尻がぶつかるので、職員は無理やり利用者の上半身を引っ張り上げて移乗していました。こういった無理やり行う介助で事故の危険性は高まります。この事故の原因の一つは、車いすの機能にあったのです。

ミスには必ず原因があります。きちんと状況を検証しないかぎり、他の職員がまた同じ原因で同じミスを犯してしまうでしょう。まず、原因を明らかにして対処することが大切です。

ミスを発見する仕組みをつくる

次の考え方は、ミスが起きたときに、それを発見するチェックの仕組みをつくることです。典型例として、誤薬事故の防止対策があります。

与薬ミスをしないように「お薬袋の印字を読み上げて確認する」、利用者を取り違えないように「氏名を声に出して読み上げる」などは多くの施設が行っていることでしょう。これらはもちろん大切なことですが、もっと重要なのは、与薬ミスや利用者の取り違いが起きたときに、それを発見するチェックの仕組みがあることです。

私たちは、この与薬直前のチェックのために、「お薬確認シート」に薬と利用者の写真を載せることを提案しています。与薬直前に職員が手に取った薬が本人の薬であるという照合と、目の前の利用者が本人であることを確認する仕組みに重点をおくのです（78ページ参照）。

事故防止活動のポイントは、個々の職員の努力に頼るのではなく、**組織で事故防止に取り組み、仕組みによって事故を防ぐ**ことです。

図表1　新しい事故防止活動の考え方

古い事故防止活動
　事故の原因は人のミスだから、「ミスをしないように人を管理する」

人のミスにも必ず　　　　　　ミスの原因を改善していないから
原因がある　　　　　　　　　何度も同じミスが起きる

新しい事故防止活動
　「人は誰でも必ずミスをする」ことを前提に取り組む
　　1．ミスの原因を含めて事故原因を改善する活動
　　2．ミスが起きても事故につながらない仕組みづくり

職員が個々に取り組んでも成果は上がらない
「組織で取り組み事故防止の仕組みをつくる」

防ぐべき事故と防げない事故を区分する

　事故防止を考える際に重要なのは、**すべての事故は防げない**という視点です。介護現場には防げない事故がたくさんあります。それを理解せずにすべての事故を防ごうとすると「立ち上がって転倒するのだから、できるだけ静かに座っていただこう」などと、極端な安全対策をとってしまいがちです。

　介護現場でよくある転倒事故の事例をもとに考えていきましょう。

事 例　「意識が低いから事故が減らない」と嘆く施設管理者

　デイサービスさくらでは、半年間に3件の転倒骨折事故が起きました。1件目は認知症のある利用者が歩行中に転倒、2件目はソファでうたた寝していた利用者が急に立ち上がって転倒、3件目は職員が車いすのブレーキをかけ忘れたための転倒でした。

　法人のリスクマネジメント委員会で対策を迫られた管理者は、職員に「こんな短期間に3件も転倒骨折事故が起きるなんて前代未聞。最近はヒヤリハットの件数が少なく、事故防止の意識が低いことが原因。1か月に5件は提出するように」と言いました。

　この管理者は、「職員の事故防止への意識が低いことが原因」と考えて、ヒヤリハットの件数をノルマ化しました。しかし、認知症のある利用者が歩行中に転倒するのも、ソファから立ち上がった人が転倒するのも、職員の意識の低さとは関係のないことです。ですから、この管理者の対応は適切ではありません。

　ここで大切なのは、防ぐべき事故と防げない事故に分けて考えてみることです。防ぐべき事故とは"施設側に過失がある"、すなわち過誤といわれる事故です。過失のある事故とは、やるべき事故防止対策をきちんとやっていれば防げるのに、それを怠ったために起こった事故です。逆に、過失のない事故は、やるべきことをきちんとやっても防げない事故です。この事故には、当然、法的責任もありません。

　1件めの認知症のある利用者の転倒事故は、防げる事故ではありません。2件めは、利用者がいきなりソファから立ち上がって転倒したので、これも防ぐことは不可能です。しかし、3件めの車いすのブレーキをかけ忘れたための転倒事故は、職員がやるべきことを怠ったために起こった事故とみなされ、過失

を問われるでしょう。原因を分析して徹底した再発防止策を講じなければなりません。

　「防ぐべき事故」と「防げない事故」を明確に区分するために、ソファからの転倒や認知症のある利用者の歩行時の転倒など、利用者の自発的な生活動作によって起こる事故を**生活事故**、移乗介助中の転倒などを**介護事故**とよぶこともあります。生活事故が防げない事故、介護事故が防ぐべき事故です。生活事故まで含めてすべてを防ごうとすると、利用者の生活行為の制限や抑制につながってしまい、本末転倒になってしまいます。すべての事故は防げないこと、事故はゼロにならないことを肝に命じておきましょう。

　つまり、事例の管理者は3件の事故を一律に扱うのではなく、「優先して対策を講じるのは、明らかな過失となる移乗介助中の事故だ。介助動作や福祉用具・介助環境、利用者の入浴時の身体状況などを綿密にチェックし、再発防止策を講じなさい」と指示するべきでした。

図表2　防ぐべき事故と防げない事故

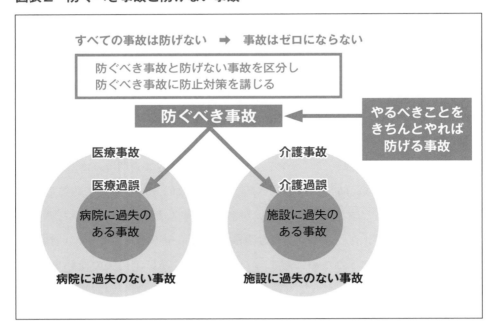

防ぐべき事故がどんな事故で防げない事故がどんな事故なのか、判断の難しい場合も多いので、典型的な事故の事例を知っておくと2つの区分が理解しやすくなります。たとえば、次の4つの事故を考えてみてください。

防ぐべき事故の典型事例❶

　介護職員のAさんは、車いす介助の利用者の排泄介助時に車いすのブレーキを確認せずに移乗介助を行ったため、急に車いすが動いて利用者を転倒させてしまいました。

➡介助ミスが原因なので、防ぐべき事故と判断される。

防ぐべき事故の典型事例❷

　認知症の重いグループホームの利用者Bさんの車いすを押して散歩中、施設から携帯に電話がかかってきたため職員は車いすを止め、ストッパーをかけました。しかし、職員が電話で目を離した隙に、利用者本人が車いすのブレーキを解除して下り坂を走り出し転倒。大腿骨頸部を骨折してしまいました。

➡認知症のある利用者から目を離さないようにすべきであり、防ぐべき事故と判断される。

防げない事故の典型事例❶

　Cさんの夜勤中に認知症のある利用者Hさんの居室のセンサーコールが鳴りました。ちょうど他の利用者の就寝介助中だったので、Cさんはそれを終えてからHさんの居室に駆けつけましたが、Hさんは転倒していました。

➡すぐに駆けつけられるわけではないので、防げない事故と判断される。

防げない事故の典型事例❷

　Dさんは認知症がなく摂食嚥下機能にも問題がない利用者ですが、家族が持ってきたお菓子を隠し持っているようです。ある日、家族が面会に来た翌日に、居室で苦しそうにしているところを発見されました。家族の持ち込んだ大福餅をのどに詰まらせたための窒息事故でした。

➡危険の予測が不可能であるため、防げない事故と判断される。

事故は5段階で評価する

　事故の再発防止には、その事故の検証・評価をする必要があります。評価方法は目的によってさまざまな基準がありますが、起こった事故をその質から5段階に分けることで、現場職員の対応を正当に評価することができます（**図表3**）。さらに、この評価で的確な対応方針を打ち出すことができます。

　たとえば、レベル1の「ルール違反で起こる事故」であれば、ルールを守らせる取り組みが必要です。レベル2の「ミスが原因で起こる事故」であれば、ミスを減らす取り組みやミスを発見するチェックの仕組みをつくらなければなりません。レベル3の「基本的な防止対策で防げる事故」では、危険箇所点検が必要でしょうし、レベル4の「専門知識・技術がないと防げない事故」であれば、他職種との連携やスタッフへの研修などが必要になるでしょう。

　そして、レベル5は「どんな対策を講じても防げない事故」ですから、それが死亡事故であっても現場を責めてはいけません。管理者は「この事故は防ぎようがないのだから、現場の責任ではない」と職員にも家族にもきちんと説明する責任があります。

図表3　事故の5段階評価

防げない事故（過失のない事故）	**レベル5** どんな対策を講じても防げない事故	● 事故が起きてもケガをしない対策（損害軽減策） ● 家族にリスクを受け入れてもらう取り組み
	レベル4 専門知識・技術がないと防げない事故	● 多職種連携によって専門知識・技術を共有する ● 資格取得や研修によって専門知識の習得を促す
防ぐべき事故（過失のある事故）	**レベル3** 基本的な防止対策で防げる事故	● 危険箇所点検などの危険発見活動を行う ● 標準的な事故防止対策をマニュアル化する
	レベル2 ミスが原因で起こる事故	● 介助ミスの原因となる介助方法のリスクを改善する ● ミスの原因となる環境要因を改善する
	レベル1 ルール違反で起こる事故	● やってはいけない危険な介助方法を文書化する ● ルール違反による事故の罰則を周知徹底する

　このように、**事故の質を評価して5つに分けることで**、事故に対する的確で効果的な対応方針を打ち出すことができます。

◎「防ぐべき事故」への対応策 ◎

　レベル1〜3は事故防止活動が大きな効果を上げる、防ぐべき事故です。Chapter 2（12ページ以降）でその進め方を具体的に紹介していきます。

◎「防げない事故」への対応策 ◎

　防げない事故（レベル4、5）への対策として、**損害軽減策**があります（25ページ参照）。これは「事故が発生してもケガをさせない（もしくは軽減する）」という方法で、生活事故に対してはかなり有効です。たとえば、認知症のある利用者の歩行中の転倒防止策は、①安全に歩くための条件づくりと、②転倒してもケガをしないための損害軽減策の2つを基本にします。①は、履きなれた履物、歩きやすい服装、杖などの適切な歩行補助用具などです。②は、大腿骨を保護するサポーターベルトを付ける、レッグウォーマーを膝まで上げて膝を保護するなどがあります。

　5ページの事例にある2つの「防げない事故」で考えてみましょう。いきなりソファから立ち上がり転倒するケースでは、ソファの前方の床に衝撃吸収材を敷いたり、貼り付けることで、転倒しても骨折しないように工夫する方法があります。また、ソファから手の届くところに重い椅子を置いておくと、立ち上がるとき、利用者が椅子の肘掛けなどにつかまることができるので転倒を防ぐことに役立ち、仮に転倒しても大きなケガにはつながらないでしょう。

▶ 防げない事故があることを家族に理解してもらおう

　防げない事故まで防ごうとすることは、利用者の自発的な行動の抑制につながります。それは**その人らしい生活を実現する**という介護本来の目的から外れてしまうことです。施設は、きちんと防止対策を講じても防げない事故があることを、あらかじめ家族に理解してもらわなければなりません。

　このとき、大切なのは伝え方です。**事故のリスクは防止対策とセットで伝える**とよいでしょう。「お母様は転倒される危険があるので、私たちはソファの横に重い椅子を置いてすぐにつかまれるようにしています」と、リスクだけで

なく、施設が工夫している具体的な防止対策も伝えるのです。このように説明することで、家族は利用者の現状を受け入れるだけでなく、合わせて施設の考え方も理解することができます。

　そして、家族にも事故防止活動の一端を担ってもらいましょう。利用者の現状とリスクを共有しておけば、仮に事故が起こってもやみくもに施設を責めたり、訴訟にまで発展することは少ないでしょう。介護職員は自分たちの手で事故を防がなくてはいけないと考えて、事故防止の責任を抱え込みがちですが、それはかえって逆効果です。家族は利用者の状況をよく知っています。もっと気軽に家族に協力をお願いする姿勢が大切です。

現場の工夫

家族との情報共有で事故防止

　ある朝、デイサービスの利用者Ｈさんが送迎車から降りてデイルームに歩いて行こうとしたとき、歩行がふらつくことに職員が気づき、支えようと駆け寄った途端、Ｈさんは転倒してしまいました。受診の結果、Ｈさんは大腿骨骨折と診断され、息子さんの携帯に連絡すると「昨日、自宅で転んで膝が痛むと連絡帳に書いておいた」と怒っています。

　しかし、送迎担当の職員は到着してすぐに連絡帳を見ることはできないので、自宅のアクシデントなどによって発生するデイサービスでの事故は、家族からの情報提供がなければ防ぐことはできません。

　そこで、デイサービスでは、自宅で事故につながるようなアクシデントや体調不良が起きたら直接連絡をもらえるよう、家族にお願いしました。すると、家族も自宅で起こるさまざまな利用者の変化を気軽に連絡してくれるようになり、以前よりも利用者の日常生活全般に配慮できるようになりました。

　図表４はそのデイサービスが作成して、利用前に相談員が家族に説明する際に使っているパンフレットです。家族に対してどのように協力してほしいのかを具体的に知らせることで、協力が得やすくなります。

ご家族のみなさまへ

わたしたちデイサービスのスタッフは
利用者様の事故防止に取り組んでいます

ご自宅でのアクシデントなどのご連絡をお願いします。

ご自宅で足を痛めたためにデイサービスで歩行が不安定になり転倒されてしまったご利用者がいらっしゃいます。わたしたちデイサービススタッフはご利用者の様子にできる限り目を配りご援助をさせていただいています。しかし、ご自宅でのアクシデントなど、ご家族にお教えいただかないと、分からないこともあります。ご自宅での生活に変化などがありましたら、遠慮なくご連絡いただくようご協力をお願いいたします。

よろしくお願いします

■体調や身体機能の変化があった場合

○ご自宅で転倒し足が痛んだため歩行が不安定になっていた
○利用日の前日に発熱して寝込んでいたためふらつきがある
○孫が遊びに来て無理をして疲れてしまった

➡ **自立歩行時に転倒する危険がある**

■福祉用具や生活用具を買い替えたり借り換えた場合

○新しい杖に買い替えたがグリップの形が違うのでうまく握れない
○車椅子を借り替えたが、操作方法に慣れていない

➡ **用具の操作を間違えて事故につながる**

■服薬が変更になったり慢性病などが進行した場合

○お薬の変更は歩行や飲み込みなどに影響が出ることがある
○関節リウマチなど持病が進行すると普段できる動作ができなくなる

➡ **いつもできる動作ができなくなる**

■その他事故防止のために配慮いただきたいこと

○歩きやすく動きやすい服（ズボン）や履物が歩行の安定に役立ちます。
○袖や裾などが広いと引っかかって転倒しますのでご注意ください。

楽しいデイサービスは安全から

社会福祉法人
◎◎デイサービス
担当　○○　ＴＥＬ

chapter 2

事故防止の基本活動に取り組む

　介護施設の事故防止活動＝ヒヤリハット活動と捉えている人も多いのではないでしょうか。しかし、本来ヒヤリハット活動は予測していなかったリスクが発生した場合に、これらの情報を職員で共有して防止対策を講じるという取り組みです。あらかじめ予測できる危険は、ヒヤリとしたりハッとするまで待つことなく、発生する前に発見して改善しなければなりません。

　たとえば、「車いすを2台同時に押していたら、危うく柱にぶつかりそうになった」というヒヤリハットはどうでしょう？　車いすを2台同時に押すことが危険であることは自明のことですから、ヒヤリハットの対象ではありません。「車いすを2台同時に押してはいけない」という安全ルールをつくって皆が守れば、簡単に防ぐことができます。

　これらのあらかじめ予測できる危険をきちんと把握して、改善する活動が**事故防止の基本活動**です。

ヒヤリハット以前に押さえるべきこと

　ヒヤリハット活動を行っても事故が減らない理由のほとんどは、この事故防止の基本活動を行っていないからです。事故防止のためには、この基本活動を職員に徹底しなければなりません。

　事故防止に取り組む順序は**図表5**のようになります。事故防止の基本活動にあたる、**❶安全ルールの遵守**と**❷危険発見活動**が徹底された後に、**❸ヒヤリハット活動**が有効になるのです。

図表5　事故防止の基本的活動とヒヤリハット活動の関係

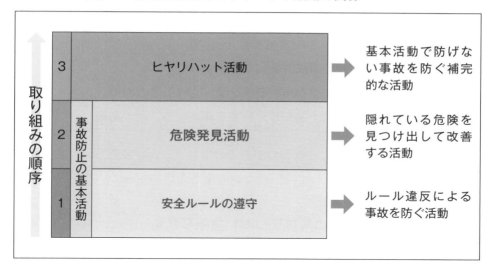

安全ルールの遵守

　事故防止の基本活動❶は、**安全ルールの遵守**です。介護には、「この方法は危険だから行ってはならない」というルールがあります。たとえば、杖歩行の人に後ろから声をかけてはいけない、立ったままで食事介助をしてはいけない、利用者をつかまり立ちさせて車いすと椅子を入れ替えてはいけないなどは、危険であることが明白で、予測が可能です。ヒヤリハット活動で防ぐべきリスクではありません。

　道路交通法で禁止されている飲酒運転に罰則があるように、現場で危険が明白な介助をする職員がいる場合は、ルールをつくってその行為を禁止しなければなりません。ルールを徹底するためには、2つの重要なポイントがあります。

文書で徹底する

　法律の条文も就業規則もみな、文書化されています。誰でも読めるように文書化し、全員に周知します。

違反したときの罰則を明確にする

　強制力をもたせるには罰則が必要です。「罰則があるからルールを守る」という抑止力になるからです。かといって、わざわざ罰則をつくる必要はありません。社会にはもともと罰則はあるのでルール違反で事故を起こしたとき、自分がどのような罰則を受けるのかを周知徹底すればよいのです。たとえば、危

険な介助を行って死亡事故を起こしたら、職員はどのような罰則を受けるのでしょうか。次のようなことが考えられます。

❶ 就業規則違反として懲戒解雇になる
❷ 職員個人に対して施設から賠償金を請求されることがある
❸ 裁判にかけられ業務上過失致死罪で有罪になることがある

　危険な介助法にはどのようなものがあるのでしょうか。私たちが介護現場でつくったルールブック（やってはいけない危険な介助）の一部をご紹介します。

やってはいけない危険な介助

●移乗介助中、利用者を支えたまま片手で車いすを操作する。

●利用者をつかまり立ちさせて、
　車いすと椅子を入れ替える。

●車いすを同時に2台押す。

●利用者2人の食事介助を同時に行う。

●車いすを押して走る
　（スピードを出す）。

●トイレ介助中にそばを離れ、すぐに戻らない。

●入浴介助中に浴室を離れ、
　利用者を一人きりにする。

●立ったままで食事介助する。

危険発見活動

　事故防止の基本活動❷は、**危険発見活動**です。事故防止活動において最も成果が上がるのが、この危険発見活動です。これは潜んでいる危険を見つけて改善するという取り組みで、次の２つに分かれます。

> ❶ 施設の設備や業務に関する危険を見つけ出して改善する
> ❷ 利用者個別の危険を把握して適切に対処する

施設の設備や業務に関する危険を見つけて出して改善する

　建物や設備は時間の経過とともに、不具合が生じて危険な状態になります。築３年の施設と築20年の施設を比べれば、当然建物・設備の安全性は大きく異なります。たとえば、築年数の古い施設では浴室の床が滑りやすくなっているなど、事故の原因となる危険箇所は確実に増えています。これらの施設内の危険箇所をどのように発見し、どのように改善したらよいのでしょうか。

　私たちは長年、危険箇所総点検という活動によって、建物・設備・用具などの危険を発見して改善する活動をしています。取り組み方は次の通りです。

❶ 施設内危険箇所点検表を配付する

　年に１回、全職員に**施設内危険箇所点検表**（図表６）を配付し、業務中に発見した危険箇所を記入してもらいます。

図表６　施設内危険箇所点検表

<table>
<tr><td colspan="4" align="center">施設内危険箇所点検表</td></tr>
<tr><td colspan="4">あなたが危険だと感じる、「施設内の危険箇所」を探して下記の表に記入してください。（どこがどんな状態でどんな危険があるかを具体的に記入してください。）また、どんな対策を打てばよいかわかれば、それも記入してください。この危険箇所点検表は１週間以内に施設長宛てにご提出ください。</td></tr>
<tr><th>どこが</th><th>どんな状態で</th><th>どんな危険が</th><th>どんな対策を</th></tr>
<tr><td></td><td></td><td></td><td></td></tr>
<tr><td></td><td></td><td></td><td></td></tr>
<tr><td></td><td></td><td></td><td></td></tr>
<tr><td></td><td></td><td></td><td></td></tr>
<tr><td></td><td></td><td></td><td></td></tr>
<tr><td></td><td></td><td></td><td></td></tr>
<tr><td></td><td></td><td></td><td></td></tr>
<tr><td colspan="4" align="center">職場　　　　　　　　　　氏名</td></tr>
</table>

❷ 施設内危険箇所改善管理表を作成する

　1週間後に施設内危険箇所点検表を回収して、**危険箇所改善管理表（図表7）**を作成します。

❸ 優先順位を決めて改善する

　優先順位と担当者を決めて、翌年の危険箇所総点検活動までの1年間で順次改善していきます。優先順位を決めるポイントは、まずその危険箇所を放置することが生死に関わる大きな事故につながるか否かです。さらに、すぐできること・できないこと・改善不可のものに分類し、改善期限を設けて対策を考え、スケジュール化していきます。大切なのは、**職員間で危険箇所を共有すること**です。改善不可の場合はその理由を明記し、応急対策（処置）も一緒に考えるとよいでしょう。

　危険箇所総点検活動は、年度初めの4〜5月に取り組むと効果があがります。年度変わりには人事異動などで新しいスタッフが施設に入ってくるからです。新鮮な目で危険箇所をたくさん発見してくれるでしょう。

プラスワン　福祉用具や介護機器の安全点検も忘れずに！

　介護現場で起こる事故の中には、設備や用具の不備欠陥などが原因のものが少なくありません。

　たとえば、ブレーキ自体が緩んでいることが原因で、移乗介助時に車いすが動いて利用者が転倒してしまう事故があります。このとき、介護職員は事故報告書の事故原因の欄に「車いすのブレーキが緩んでいたこと」と記入するでしょう。確かに、目に見える直接的な事故原因はブレーキの緩みですが、それは普段の手入れが不十分だったからです。

　では、なぜ車いすの手入れを怠っていたのでしょうか。それは、その施設に車いすの安全点検というルールがなかったからです。「車いすの点検日」などを決めて、その日一斉に点検をするなど、手入れの方法を施設内でルール化しておくとよいでしょう。

図表7　危険箇所改善管理表の例

どこが	どんな状況で	どんな危険が	どんな対策を	改善状況	改善不可の理由	改善期限	改善責任者	改善確認
エレベーター前	食前食後、行事で混雑している。	車いすの方がぶつかる。歩行の方の転倒、打撲。	自立歩行の方には声かけ、椅子に座って頂き、車いすの方は歩行の方の邪魔にならぬ位置へ誘導。				介護主任	
エレベーター内	延長（開く）のボタンを押していないと、早く閉まる。	利用者が、扉に挟まれてしまう。	利用者は、延長ボタンを押すことが困難な方が多いので、通常でも閉まるタイミングは遅くして欲しい。		改善は可能と思われるがエレベータの回転率（待ち時間）が長くなる		設備担当	
エレベーターの入口の溝	利用者（歩行器の人、車いすの人）が乗り降りする時に。	溝にタイヤなどが挟まり、転倒してしまう危険がある。	溝が埋められたらよいと思う。	改善済み	スペーサーがウレタンのため、注意が必要、完全に落ちなくするのは不可能。段差は、発見し次第業者に調整してもらっているが構造上完全になくすのは不可能		設備担当	
エレベーターのドア下のすきま	車いす、歩行器の乗降で。	車輪が挟まってしまうことがある。						
エレベーターの入口	段差と隙間がある。	車いすの前輪やシルバーカーの車輪が挟まり、転倒する可能性がある。	段差と隙間をなくす工事を行う。					
エレベーターと床の間の隙間	車いすの出入り時。	前輪が隙間に落ちる。	介助の場合、後輪から出ている。自立者が出入りする場合、目配りをしている。					
エレベーター内の手すり	エレベーター内に利用者が4～5人入っている時。	手すりにひじや腕をぶつけ、表皮剥離などを起こす可能性がある。	手すりに布などやわらかい物をかぶせて対応する。	検討中			設備担当	
中庭	利用者が通行するのに、道が整備されていない。	転倒の危険。	中庭を整備する（舗装）。				施設長	
居室	夜間暗い。	自立者などは動きが取りづらく、転倒の恐れがある。	一人ひとりのベッドの上に明かりをつけたらどうか。	改善可能施設判断			設備担当	
居室のタンスの角	移乗介助時	頭がぶつかってしまう恐れがある。	利用者のタンスの角にスポンジを置いたり、トランス時注意する。	改善可能施設判断			設備担当	
トロミ剤を居室に置いている	異食のある方が、食べてしまう。	窒息する。	居室のわかりにくい場所、見えにくい場所にトロミ剤を置く。できれば、居室に置かない。				介護主任	

⟍ 利用者個別の危険を把握して適切に対処する ⟋

　危険発見活動の2つめは、**利用者に潜むリスクを個別に把握する**ことです。利用者が新規に入居したときは、その利用者の身体機能や認知症の状態を詳細に把握しなければ、適切な介護サービスの提供はできません。事故防止の観点からも重要なことです。

　こんな出来事がありました。認知症のある利用者が初めてショートステイを利用した日に、浴槽洗剤を口に入れて救急搬送されたのです（74ページ参照）。幸い大事には至りませんでしたが、駆けつけてきた息子さんを相談員が「異食癖があると聞いていませんでした」と咎めたところ、息子さんが「そんなこと聞かなかったじゃないか」と言ってトラブルになったのです。この場合は、利用者の状況について確認しなかった施設側に原因があります。丁寧に情報収集をしていれば、自宅での暮らしぶりがわかり、対応できたはずだからです。

　特にショートステイは利用者の入れ替わりが多いので、相談員はヒアリングシートなどを工夫して、丁寧なアセスメントを行う必要があります。あるショートステイの相談員のヒアリングマニュアルには、家族との面談時、話の流れのなかで、「大変失礼なことをお聞きしますが、お母さまは食べられないものを口に入れてしまうようなことはありませんか？」とか「ご自宅から出かけて、家に戻ってこれなくなるようなことはありませんか？」など、さり気なく尋ねるスキルが載っていました。

　また、居宅ではほとんど転倒したことがない利用者が、施設に入居してから頻繁に転倒するようになったという話も聞きます。居宅と施設という空間の違いだけでなく、もっと複雑な要因があると感じた私たちは、**転倒リスクアセスメントシート**（**図表8**）という、転倒リスクの評価表をつくって、点数で評価をすることにしました。転倒のリスク要因のうち該当する項目の点数を合計して、点数で判断するのです。

　ある70代の女性利用者は、要介護2で独歩が可能な人ですが、このシートで計算すると高い点数となりました。実際にショートステイを利用してみると、早朝にベッドの周囲で何度も転倒しそうになりました。点数での評価は個別のリスクまでは表現できませんが、職員と情報を共有しやすくなるというメリットがあるので、利用するとよいと思います。

図表8　転倒リスクアセスメントシート

特徴に該当すればスコアの数を、該当しなければ0を記入してください。

分類	特徴	スコア	評価 月日	月日	月日
年　齢	65歳以上である。	2			
既往歴	転倒・転落したことがある。	2			
感　覚	平衡感覚障害がある。	2			
	視力障害がある。 聴力障害がある。	1			
運動機能障害	足腰の弱り、筋力低下がある。	3			
	四肢のどれかにマヒがある。 しびれ感がある。 拘縮や骨変形・関節異常がある。	1			
運動領域	自立歩行ができるが、ふらつきがある。	3			
	車いす・杖・歩行器・ストレッチャー・リクライニング車いすを使用している。	2			
	自由に動ける。	2			
	移動に介助が必要である。 寝たきりの状態であるが、手足は動かせる。	1			
記憶力	認知症がある。 不穏行動がある。 判断力、理解力、記憶力の低下がある。 見当識障害、意識混濁がある。	4			
薬　剤	睡眠薬、抗不安薬、抗うつ薬、抗精神病薬、抗癲癇薬、抗ヒスタミン薬、抗アレルギー薬、筋弛緩薬など、5種類以上の薬を服用している。	2			
	降圧剤、血糖降下剤、排尿障害治療剤、鎮痛剤、麻薬のいずれかを服用している。	1			
排　泄	尿・便失禁がある。頻尿。 トイレまで距離がある。 夜間、トイレに行くことが多い。	3			
	ポータブルトイレを使用している。 車いすトイレを使用している。 膀胱留置カテーテルを使用している。 排尿には介助が必要である。	1			
病　状	脱水症状がある。 貧血症状がある。	2			
	リハビリの開始時期、訓練中である。 症状やADLが急に回復・悪化している時期である。	1			
本人の特徴	ナースコールを押さないで行動しがちである。 ナースコールを認識できない。	4			
	行動が落ち着かない。 何事も自分でやろうとする。	3			
	環境変化（新規入居・ショート初回利用）が大きい	1			
危険度評価	危険度1：1〜9点　転倒・転落の恐れがある。	合計			
	危険度2：10〜19点　転倒・転落を起こしやすい。	危険度			
	危険度3：20点以上　転倒・転落をよく起こす。				

最近の転倒事故（ヒヤリハット）の情報【家族情報などから、転倒場面や時間など具体的に】

chapter 3

ヒヤリハットシートを
事故防止に活かす

　ヒヤリハット活動は、事故には至らなかったが事故寸前だったという「ヒヤリとした」「ハッとした」という体験を持ち寄って、原因を分析し防止対策を講じる活動です。つまり、予測していなかったリスクが発生した場合に、これらの情報を職員で共有して防止対策を講じるのです。利用者の身体機能の衰えや認知症の進行などから、予測できないリスクが多く発生する介護現場では、ヒヤリハット情報は重要です。

　このヒヤリハットシートを事故防止に活かすためにはケース検討が有効です。

定期的にヒヤリハットケースを検討する

　ケース検討とは、数あるヒヤリハットシートの中から事例（課題シート）を選び、ヒヤリハットの原因を分析して防止対策を講じるという大変シンプルな活動です。

　リーダーが全体をコントロールしますが、参加者はその事例に関わる人たち（利用者が生活する場単位）で構成してください。利用者の日常をよく知っている人たちが検討するのでなければ、ヒヤリハットの原因を探ったり、防止対策を具体的に立てることはできないからです。

　このヒヤリハットケース検討を 10 年間継続して取り組んだ特養ホームは、5 年が経過した頃には、事故が半分程度まで減少しました（役所報告の件数で比較）。1 か月に 1 回の開催・1 回の開催時間は 30 分程度というシンプルな活動ですが、とても効果が高いのでぜひ取り組んでください。

　ケース検討の流れは**図表 9** のとおりです。

図表9　ケース検討の流れ

> ❶事例（課題シート）を選ぶ
>
> ↓
>
> ❷課題シートとケース検討原因分析シートを参加者に配布する
>
> ↓
>
> ❸参加者は課題シートの事故原因をできるだけたくさん考えて、ケース検討原因分析シートに記入し、検討会に臨む
>
> ↓
>
> ❹隠れた要因を出し合って整理する
>
> ↓
>
> ❺要因別に防止対策を検討・決定する

1. 事例（課題シート）を選ぶ

　たくさんあるヒヤリハットシートの中から、どのようにして課題シートに選べばよいでしょうか。

　リスク対応には優先順位があります。その考え方は2つあり、1つめは**重大事故を優先的に防ぐ**、2つめは**防止義務の高いリスクに優先的に対応する**です。

　生命に関わるような重大事故につながるヒヤリハットには、優先的に対策を講じなければなりません。たとえば、同じ転倒でも居室での転倒と浴室での転倒では、当然、浴室での転倒のほうが重大事故になる可能性が高いので、

図表10　事故の発生頻度と損害の大きさの相関関係

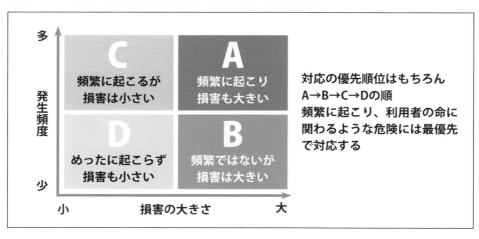

対応の優先順位はもちろん
A→B→C→Dの順
頻繁に起こり、利用者の命に関わるような危険には最優先で対応する

優先順位は高くなるでしょう。また、Chapter 1 で説明したように、事故には防ぐべき事故と防げない事故があり、防ぐべき事故が防止義務の高い事故です。ヒヤリハットの優先順位も高くなります。

2. 課題シートとケース検討原因分析シートを参加者に配布する

ケース検討会の1週間前までに、会議の参加者に課題シートと**ケース検討原因分析シート（図表11）**を配布して「この事故の原因をできるだけたくさん考えてきてください」と指示します。ここで大切なのは、会議の場ではじめて事例に目を通すのではなく、**あらかじめ考えて持ち寄ること**です。

ここでは次のヒヤリハットケースを例に考えてみましょう。

> 職員が利用者の離床介助をするため、居室に行ってベッドから車いすに移乗しようとしました。ベッドで端座位になっている利用者の上半身を抱え上げて、車いすに移乗しようとしたとき、利用者がふらついて、職員は支えきれずに抱きかかえたまま一緒に座り込んでしまいました。

3. 参加者は課題シートの事故原因をできるだけたくさん考えて、ケース検討原因分析シートに記入し、検討会に臨む

参加者が持ち寄った原因をすべてホワイトボードに書き出します。そして、洗い出された原因を【利用者側の原因】【介護職員側の原因】【施設側の原因】の3つに分けていきます。

たとえば、今回の課題シートでの3つの原因は以下のようになります。

> ● 利用者側の原因➡なぜ利用者は移乗介助中に突然ふらついたのか？
> ● 介護職員側の原因➡なぜ介護職員は支えきれなかったのか？
> ● 施設側の原因➡介助環境に危険な箇所はなかったのか？

図表11　ケース検討原因分析シート

原因		目に見える直接の原因	直接の原因の奥に隠れた要因
利用者側の原因			
介護職員側の原因			
施設側の原因			

4. 隠れた要因を出し合って整理する

　次に、ホワイトボードに書き出された原因の奥に**隠れた要因について検討**します。たとえば、利用者が低血糖を起こしてふらついたのであれば、なぜ低血糖を起こしたのかを考えます。服用している糖尿病薬が効きすぎたのかもしれません。

　話し合いで見えてきた隠れた要因をケース検討原因分析シートにまとめていきます。結果は**図表12**のようになりました。

5. 要因別に防止対策を検討・決定する

　ケース検討原因分析シートによって隠れた要因が確認できたら、次は手分けをして**防止対策を検討**します。通常は隠れた要因が3、4個程度わかります。この要因に対して、手分けをして防止対策の検討をしていきます。

図表12 ケース検討原因分析シートの記入例

		目に見える直接の原因	直接の原因の奥に隠れた要因
利用者側の原因	なぜ利用者が急にふらついたのか	早朝に急激な低血糖を起こしていた	血糖値コントロールがうまくいっていない
		前日服用した睡眠剤が残っていた	睡眠剤の処方量が多すぎる
		動作方法に無理があった	居宅での介助方法と施設の介助方法が異なり、慣れていなかった
		周囲につかまるものがなかった	福祉用具の見直しを怠っていた
		ベッドが高すぎて滑り落ちた	ベッドの高さを利用者に合わせていなかった
		パジャマが滑りやすい素材だった	居宅で着ていたシルクのパジャマをそのまま持ってきていた
介護職員側の原因	なぜ職員が支えきれなかったのか	介助方法が不適切だった	無理のない介助方法の研修を行っていない
		声のかけ方が不十分だった	離床時の声かけのマニュアルがない
		利用者の動作のクセを知らなかった	利用者別の介助方法の訓練を行っていなかった
		介護職員の履物が適切でなかった	安定した履物を着用するような規則がなかった
		介護職員の体調が悪かった	体調が悪い職員に対する申し出を促したり、フォローする体制がない
		介護職員の精神状態が不安定だった	10日前の深夜にほかの利用者の体調が急変し、夜勤が不安であった
施設側の原因	設備や用具などに不備はなかったか	車いすのブレーキが緩んでいた	車いすのブレーキを点検するルールがなかった
		マットレスが古く柔らかかった	端に座ったときマットレスがへこんで滑り落ちた
		車いすのフットサポートが開閉しない	古い車いすを買い替えないで使っていた
		低床ベッドではなかった	身体機能に合わせてベッドや福祉用具の見直しを行っていなかった
		車いすのアームサポートが跳ね上げ式でなかった	古い車いすを買い替えないで使っていた
		居室の床が滑りやすかった	滑り止めのシートなどを敷いていなかった

事故防止対策の方法

事故防止対策を検討するときには、多面的に考え、最小のコストで最大の効果がある対策を考える必要があります。

事故防止対策には、以下の3つの方法があります。

> ❶ 未然防止策
> ❷ 直前防止策
> ❸ 損害軽減策

たとえば、「早朝に頻回に転倒する糖尿病のAさん」の場合、事故防止対策としては以下のようになります。

❶未然防止策：血糖降下剤が効きすぎて低血糖になると、転倒するかもしれないと考えて、血糖降下剤について医師と相談する。

❷直前防止策：見守りを強化する、見回りを頻回にする。

❸損害軽減策：転倒してもケガをしないようにと考えて、ヒッププロテクター付きパンツを着用してもらう。

介護現場の事故防止対策は、**❷直前防止策**に集中しています。だから、介護職員が忙しくなるばかりで事故防止効果が上がらないのです。労力を増やさず事故を防げるかは、**❶未然防止策**と**❸損害軽減策**をどれくらい効果的に使えるかにかかっています。

この3つの方法を頭に入れ、既成概念にとらわれず多方面から考えてください。特に、損害軽減策のハードは日々進化していますので、情報収集を心がけてください。

図表13　事故防止対策の方法

		❶ 未然防止策
対策の方法		根本的な原因を究明し、これを除去する対策です。 具体的には、ふらつきの原因となる睡眠剤の処方量を適正にするなどです。原因が究明できれば大変効果的なので、安全対策を考える順位としては最優先で行いたい対策です。
事故例と対策例	自力歩行中の転倒	ふらつきの原因を究明してこれらを除去する。
	夜間のベッドからの転落	夜間歩き回らないよう、昼間起きてもらう工夫をする。 歩き回る原因を除去する。
	車いすからの転落	車いすを体格や身体機能に合わせる。 クッションを使い、ずり落ちを防ぐ。
	誤嚥	誤嚥予防の口の体操をする。 口腔ケアを行う。 嚥下に適した前屈み姿勢をとる。
	認知症のある利用者のBPSDによる事故	BPSDの原因となる環境や現象を究明して排除する。
	行方不明事故	施設から出ようとする原因を改善して落ち着いてもらう。
	異食事故	異食癖を改善する。 身の回りから異食しそうなものをすべて排除する。
	入浴時の溺水事故	絶対に溺れないようにシャワー浴だけにする。

❷ 直前防止策	❸ 損害軽減策
事故が発生する直前のタイミングで事故発生を阻止する対策です。 具体的には、転倒しそうな利用者に付き添ったり、BPSDなどがみられる認知症のある利用者を見守ったりする対策です。ひたすらマンパワーに頼らなくてはならないので、職員の負荷が確実に増えますから、最後の手段です。	事故が起きたとき、損害をゼロもしくは軽減するための事前対策です。 具体的には、ベッドからの転落に対して低床ベッドや衝撃吸収マットを導入するなどです。安全対策の順位としては2番目ですが、さまざまな機器が開発されているので、絶えず情報収集が必要です。
転倒しないように、見守り・付き添い歩行を行う。	転倒しても骨折しないよう、プロテクターを装着する。
歩き回りそうな時間に見回りを頻回に行い、見守りを強化する。	転落しても骨折しないように、低床ベッドと衝撃吸収マットを導入する。
ずり落ちの多い利用者の見守りを頻回に行う。	転落しても骨折しないように、床にマットを敷く。
誤嚥が起きそうになったとき、素早く本人に注意を促し、誤嚥自体を防ぐ（ほぼ不可能）。	誤嚥が起きたとき、口腔内の食物を掻き出し、気道内の食物を吸引する。
BPSDがみられる利用者の見守りを強化する。	BPSDがみられても事故につながらない対策を講じる。
施設から出ないように、不穏な時間帯の見守りを強化する。	行方不明になったときに、迅速に万全の捜索を行って無事に保護する。
異食しないように職員が絶えず交代で見守る。	異食したとき、危険なものだけ手の届かない場所に収納して管理する。 異食したとき、適切な処置を行う。
湯につかっているときは、浴槽の縁の手の届くところで見守る。	浴槽内で溺れたら、まず呼吸を確保する。

chapter 4

増え続ける家族トラブル

　ここ数年、事故後に家族と大きなトラブルに発展する事例が増えています。市町村や国保連への苦情申立になったり、最悪の場合は訴訟に発展するケースもあります。なぜ、こうしたトラブルが発生するのでしょうか。

　家族から市町村に出された苦情申立書を分析すると、家族とのトラブルの原因となる施設側の対応の問題点は、次の2つに分けることができます。

> ❶ 家族に説明すべきことをしていない
> ❷ 場当たり的に対応している

家族に説明すべきことをしていない

　施設の対応が不適切なために、家族が不満を募らせ感情的になって役所への通報や訴訟などに発展したケースです。たとえば、足の傷を不審に思った家族が尋ねたところ「あれ、そんな傷ありましたっけ？」と逆に職員から聞かれて激怒したケース、誤嚥事故で死亡した利用者の家族が調査報告書を要求してきたのに対応せず訴訟に発展したケースなどで、いずれも大きなトラブルに発展しています。

事故後の家族への説明のポイント

　事故後に家族に説明すべきことは事前に決めておき、施設としての事故に関する**正式な説明は、遅くとも事故後1週間以内には行います**。当然、施設長が利用者宅を訪ねて行うのが適切な対応です。

　説明に必要な項目は以下のとおりです。

❶ **事故状況の詳細**

　事故状況の詳細を報告します。発見者が事故後に把握した内容のみでは不十分です。事故前の利用者の生活の様子、事故発生時の様子について複数の職員

の意見などが必要です。目撃者がいない場合でも、どのようにきちんと**調べる努力**をしたかの説明が必要です。

　日頃いかに利用者をよくみているか・事故状況の調査努力をしたかの2点が家族からの評価のポイントになるでしょう。

❷ 利用者の容態・治癒の見込みと今後の対応姿勢

　利用者のケガの治癒見込みや生活復帰への見込みと、これらについて施設としてできることを説明します。また、今後もできる限りのことをする旨を約束し、施設としてどのような協力ができるかを具体的に示します。家族が感じている**利用者の将来への不安を取り除く**ために何をしたらよいかをよく考え、提案します。**施設がいかに熱意をもって対応するか**によって、その後の家族の印象が違ってきます。

❸ 事故の原因と再発防止策

　事故原因が必ず究明できるとは限りませんが、どの程度努力をしたかは重要です。また、再発防止策も「今後介護動作を注意深く行う」などという抽象的な表現は好ましくありません。具体的にどのように注意するのか、「お父様の移乗介助は今後必ず2人の職員で行うこととしました」など、今までと仕組みを変えたという具体的な内容が必要です。つまり、**再発防止策が具体的でないと家族は納得しない**ということです。

　事故状況が不明な場合も、推定をもとに対策を講じて、具体的に説明をします。「詳しい事故状況が判明しませんので正確なことは申し上げられませんが、施設としては「○○○○○」のような事故状況である可能性が高いと考えます。そこで、再発防止のため「△△△△△」のような対策を打ちました。これで、100％事故が防げるという保証はありませんが、引き続き○○さんの生活の様子をみながら、必要な安全対策を考えます」

　つまり、家族が希望しているのは、事故状況の説明よりも、**再発防止に対するプロとしての努力**であり、**施設の責任ある対処姿勢**なのです。

❹ 法的な責任について

　専門家を交えて施設の法的責任（損害賠償責任）について話し合い、施設内の書類を作成します。弁護士などからアドバイスを得た場合には、その氏名も明記します。この書類をもとに説明して理解を求めます。家族が施設の法的責

任の判断に納得できない場合は、「そちら様も専門家にご相談されてはいかがでしょうか」と勧めてもよいでしょう。

場当たり的に対応している

　事故はトラブルになりやすいものにもかかわらず、何の備えもせずに場当たり的に対応してトラブルになるというケースが多くあります。介護現場には「もともと家族トラブルにつながりやすい」という事故がたくさんあるので、**事故が起きてから対応したのでは遅いのです**。事前にどのように対応したらトラブルを避けられるのか、対応方法を考えてルール化しておく必要があります。

　以前は、施設と家族の信頼関係ができていて施設が適切な対応をしていれば、たとえ死亡事故であっても賠償請求までには至りませんでした。

　しかし、最近は状況が変わってきています。日ごろは介護に無関心なキーパーソン以外の兄弟姉妹などが、死亡事故になった途端、事故状況や過失について理解しないまま「施設で事故に遭ったのだから補償金が下りるはずだろう」と強く主張してくるケースが増えているのです。

　死亡事故が起きたときには、必ず詳しい調査を行って調査報告書を家族に渡すようにしましょう。家族が依頼した弁護士が調査報告書を読んで過失がないと判断すれば、その弁護士が家族に施設に賠償義務がないことを説明してくれます。**訴訟にならないようにあらかじめ備えることも大切なリスクマネジメント**です。

事故発生時の対応を誤れば過失になる

　Chapter 1で「介護現場には防げない事故がたくさんある」と述べましたが、防げない事故であっても、事故が発生したときの対応を誤れば過失として賠償責任を問われます。事故発生時の対応に対する施設側の義務は、極めて重いものです。事故発生時の対応を誤って利用者が死亡するなどということになれば、家族が訴訟も含めて厳しい責任追及をしてくることは覚悟しなければなりません。

　ポイントは、**死亡事故を想定して万全の対応がとられているか**という点に尽

きます。家族には、「介護のプロなんだから、事故は防げなくても生命だけは救ってくれると思っていた」という気持ちがあります。転倒骨折事故の事故対応が不適切でもさほどトラブルになりませんが、骨折していることがわからなくて一晩放置した、ということになると、家族の不信感は募るでしょう。

以下に紹介する死亡事故のケースで、家族とトラブルが生じています。

転倒・転落事故	頭部を打撲しているのに気づかずに経過観察と判断して、手遅れになり亡くなった。
誤嚥事故	救命対応に時間をかけ過ぎて、救急車の要請が遅れて亡くなった。
誤薬事故	誤薬事故の後に受診せずに経過観察していたら、急変して亡くなった。
溺水事故	風呂で溺れお湯を飲んでしまったが、受診せずその後肺水腫で亡くなった。
行方不明事故	施設から出て行方不明になった認知症のある利用者が、すぐ近所で凍死した。

どのように対応すればよかったのでしょうか。第2部では、私たちが実際に経験した事故事例をもとに、対応を考えていきます。

第**2**部

事例に学ぶ
介護リスクマネジメント

なぜ事故事例を使って勉強するのか

同じトラブルを繰り返さないために

第1部chapter1でも説明したように、どんなに事故防止活動に熱心に取り組んでも、事故を100％防ぐことは不可能です。しかし起こった事故がトラブルに発展するのを防ぐことは可能です。そのためには、事故防止対策だけでなく事故発生時と事故後の家族対応が大切になります。

そこで、私たちはこれまで施設で起きた事故の検討会を始めました。事故をトラブルにしないために、実際に起こった事故を発生時の対応、家族対応など、さまざまな角度から検証するのです。

当初は、自施設で起きた過去の事故を検証していましたが、次第に同一法人内の他施設で起きた事故も検証するようになりました。トラブルはさまざまな形で発生します。自施設で起こってから検討するのではなく、他施設で起きたトラブル事例も検討することで、より多くの対応を学ぶことができました。

● 第2部の構成と活用方法

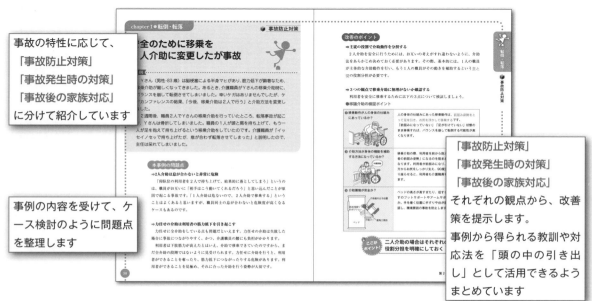

事故の特性に応じて、「事故防止対策」「事故発生時の対策」「事故後の家族対応」に分けて紹介しています

事例の内容を受けて、ケース検討のように問題点を整理します

「事故防止対策」「事故発生時の対策」「事故後の家族対応」それぞれの観点から、改善策を提示します。
事例から得られる教訓や対応法を「頭の中の引き出し」として活用できるようまとめています

私たちは、この学びを「頭の中の引き出し」と言っています。多くの事例を頭の中の引き出しに入れることによって、同じトラブルを繰り返さなくてすみます。事故トラブルの事例をみんなで出し合うことで、多くの引き出しの情報を共有して活用することができるのです。

　第2部では、たくさんの事例を紹介します。これらをみなさんの「頭の中の引き出し」として活用してください。

事故によって取り組みにかける力配分が違う

　事例検討会を行っていると、家族トラブルになりやすい事故があることがわかってきました。

　たとえば、誤嚥事故では、事故を防ぐための取り組みも大切ですが、もっと重要なのは事故が発生したときの救命対応です。吸引などの救急救命処置と救急車要請の順序・タイミングを間違えるとトラブルに発展する可能性が高くなります。原因不明の骨折であれば、事故防止より事故発生時の対応や家族対応に重点をおかなければなりません。家族が不信感を抱きやすい事故だからです。このように、事故の種類によって、事故の防止対策・事故発生時の対応・事故後の家族対応のどこに力点を置くべきかは異なります。

　すべての事故を防ぐことはできません。そして、事故の防止対策・事故発生時の対応・事故後の家族対応のすべてに100％対応することはできませんから、起こった事故をトラブルに発展させないためには、取り組みにかける力配分を意識的に分ける必要があるのです。

　第2部では、このリスクマネジメントの力配分を次のようにわかりやすく表記しています。たとえば、先に紹介した誤嚥事故の力配分は次のようになるでしょう。

● 誤嚥事故の対策の力配分表

誤嚥事故対策の力配分表	事故防止対策	
	事故発生時対応	
	事故後の家族対応	

:やるべきことを行う
:力を入れる
:最大限の力を入れる

転倒・転落事故に対する基本的な考え方

転倒・転落事故の特徴

高齢者でなくても、生活を送るうえで誰にでも転倒するリスクはあります。若くて元気な人でも唐突に転ぶことがあるのですから、転倒を完全に防止することはできません。ですから、転倒は「生活事故」といえるでしょう。

高齢者ならではの転倒・転落事故は、大きく次の4種類に分類できます。

転倒・転落の原因	よく見られる具体例
服装や使用している用具が歩行に適していない	・施設の床と、履いている靴の相性が悪く、つっかかってしまう ・ズボンの丈が身体に合っていない ・ズボンがゆるい
転倒・転落を引き起こしやすい疾患がある	・脚に痛みを伴う疾患 ・低ナトリウム血症やてんかんなど、意識レベルの低下を引き起こす疾患 ・パーキンソン病などの運動障害を起こす疾患
転倒・転落を引き起こしやすい薬を服用している	・糖尿病薬や血圧降下剤など、体調によって意識低下を引き起こす可能性がある薬 ・抗うつ薬など、運動機能の低下を起こす可能性がある薬
転倒・転落しやすい環境的要因がある	・ベッドや椅子が身体に合っていない（高すぎる・低すぎる） ・滑性のない、ビニール製の床材

転倒・転落事故は避けられませんが、不可抗力による事故であれば施設に賠償責任は発生しません。しかし、家族の中には「絶対に転倒させないで欲しい」と強く要求する人もいますので、転倒・転落事故は「完全に防ぐことが難しいのに、事故を巡って家族トラブルにつながりやすい」という特徴があるといえます。

事故の性格によって配慮する点は異なります。もちろん、すべての場面に気を配ることは前提ですが、限られた業務時間で適切に対応するためにも、次ページの力配分表を参考にしてください。

● 転倒・転落事故対策の力配分表

転倒・転落事故対策の力配分表	事故防止対策	
	事故発生時対応	
	事故後の家族対応	

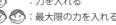
：やるべきことを行う
：力を入れる
：最大限の力を入れる

〽 事故防止対策のポイント 〽

　多くの転倒・転落事故は、職員がいくら注意していても防ぐことはできません。私たちが行った転倒・転落防止実証実験によれば、歩行中の転倒は30回中11回（36.6％）しか防げませんでした。すぐ近くで見守っていても、防ぐことができたのは30回中7回だけでした。

　このように職員の手に頼っていては転倒・転落事故を防ぐことが難しいので、防止策は転倒の主な原因となる利用者の服装や装具・服薬・環境要因など、施設側の注意で改善できる点を見直すことが大切です。

 実験については資料編を参照してください。

〽 事故発生時の対応のポイント 〽

転倒・転落事故が発生した場合、

❶ 迅速な手当てが行えるか

❷ 正確な受診判断を行えるか

の2点がポイントとなります。受診判断を行うのは、主に看護師です。経過観察でよいと判断した場合は、その対応などをきめ細かくルール化することが大切です。なお、「職員が見ていないときに、利用者が自発的に動いた結果、転倒・転落が起こった場合」は、基本的に施設側に過失はないと考えられます。

　職員が介助中に転倒・転落が起こった場合は、そのほとんどが施設側に過失があるとみなされますから、家族とのトラブルに発展しやすくなります。前述の2つに加えて、「ご納得いただける家族対応」が大切です。

〽 事故後の家族対応のポイント 〽

❶ 家族に対して、施設内の誰が説明と謝罪を行うか

❷ 転倒・転落事故の内容と性質を理解してもらえる説明ができるか

この2点がポイントになります。また、家族と施設との間に信頼関係ができているかどうかも関係してきます。

事故防止対策

安全のために移乗を 2人介助に変更したが転落

事例

　Yさん（男性・83歳）は脳梗塞による半身マヒがあり、筋力低下が顕著なため、移乗介助が難しくなってきました。あるとき、介護職員がYさんの移乗介助時に、バランスを崩して転倒させてしまいました。幸いケガはありませんでしたが、ケアカンファレンスの結果、「今後、移乗介助は2人で行う」と介助方法を変更しました。

　2週間後、職員2人でYさんの移乗介助を行っていたところ、転落事故が起こり、Yさんは骨折してしまいました。職員の1人が頭と肩を持ち上げて、もう一人が足を抱えて持ち上げるという移乗介助をしていたのです。介護職員が「イッセイノセッで持ち上げたが、息が合わず転落させてしまった」と説明したので、主任は呆れてしまいました。

本事例の問題点

➡2人介助は息が合わないと非常に危険

　「仰臥位の利用者を2人で持ち上げて、結果的に落としてしまう」というのは、職員がお互いに「相手はこう動いてくれるだろう」と思い込んだことが原因で起こる事故です。「1人介助は危ないので、2人介助で移乗する」ということはよくあると思いますが、職員同士の息が合わないと危険度が高くなるケースもあるのです。

➡力任せの介助は利用者の筋力低下を引き起こす

　力任せに全介助をしている点も問題だといえます。力任せの介助は失敗した場合に事故につながりやすく、かつ、介護職員の腰にも負担がかかります。

　利用者は下肢筋力が衰えたとはいえ、介助で移乗できていたのですから、まだ全介助の段階ではないように見受けられます。力任せに介助を行うと、利用者ができることを奪ったり、筋力低下につながったりする危険があります。利用者ができることを見極め、それに合った介助を行う姿勢が大切です。

改善のポイント

➡ 主従の役割で介助動作を分担する

　2人介助を安全に行うためには、お互いの考えがすれ違わないように、介助法をあらかじめ決めておく必要があります。その際、基本的には、1人の職員が主体的な介助動作を行い、もう1人の職員がその動きを補助するという主と従の役割分担が必要です。

➡ 3つの観点で移乗介助に無理がないか確認する

　利用者を安全に移乗するために以下の3点について検証しましょう。

●移乗介助の検証ポイント

❶ 移乗動作が人の身体の仕組みにあっているか？ 	人の身体の仕組みにあった移乗動作は、足を引いて前屈み姿勢をとり、お尻を浮かして移乗するです。 「足が引けていない」「前屈みになっていない」状態のまま移乗すれば、バランスを崩して転倒する可能性が高くなります。
❷ 身体の機能を補助する介助方法になっているか？ 	移乗介助の際、利用者を前から抱え込むと、❶の「利用者の前屈み姿勢」になるのを阻まれ、立ち上がりにくくなります。利用者が前屈みになり、お尻が浮いた際に後方からお尻をしっかり支え、90度回転させてからゆっくり座らせると、利用者も介護職員も無理なく移乗ができます。
❸ 介助環境が安全か？ 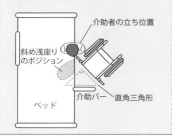	ベッドの高さが高すぎたり、低すぎたりしないか。車いすのフットサポートやアームサポートは上がっているか。手を着く位置に手すりや台が置いてあるかなどを確認し、環境要因の事故を防止します。

ここがポイント！

2人介助の場合は「主」と「従」の関係をとり、それぞれの役割分担を明確にしておく

介助中に、センサーコール対応して利用者が便座から転落

事例

　介護職員のS君が夜勤中、Bさんを車いすでトイレにお連れし、便座に移乗させました。そのとき、重い認知症のあるMさんのセンサーコールが鳴りました。Mさんが心配になったS君は、「Bさんは座位が安定しているので大丈夫だろう」と判断し、Bさんを便座に座らせたままにしてMさんの居室に行きました。

　Mさんはベッドから立ち上がり、興奮した様子で叫んでいました。S君は他のユニットの夜勤者を呼んで対応してもらい、再びトイレに戻りました。ところが、トイレではBさんが床に転落して、うめいていました。Bさんは「いくら呼んでも来ないから自分でしようと思った」と言いました。

　翌日、Bさんは大腿骨骨折と診断され、家族から「介助中にそばを離れるなんてとんでもない」と猛烈な抗議を受けました。

本事例の問題点

➡目の前の利用者より見えない利用者が危険と思い込んだ

　S君は、Bさんは座位が安定しているので危険はないと判断しました。しかし、Bさんは車いすを使用しています。車いすの利用者が便座から立ち上がれば、当然転倒する危険は高いのですが、センサーコールが鳴った居室はS君から見えないので、Mさんのほうに危険が迫っていると思い込んでしまったのです。

➡センサーコールが優先と考えてしまった

　居室にいるMさんも、目の前のBさんも同じように危険はあるのですが、事故を防ぐ責任の重さは異なります。S君はBさんの身体介助中ですから、Bさんの事故を防ぐ責任が最も重いのに対して、居室のMさんの事故を防ぐ責任はありません。家族が猛烈な抗議をしたのは、介助中はすべての危険から守ってくれるのが当然と考えたからです。介助中のナースコール対応がルール化されていなかったことに問題がありました。

改善のポイント

➡ どんな場合でも介助中の利用者に専念（優先）する

　介助中にセンサーコールやナースコールなどが鳴るのはよくあることです。そのたびに「どちらを優先すべきか」迷っていたら、介助中の利用者に集中できず、大きなミスにもつながりかねません。こうした問題を改善するためには、どんな場合も介助中の利用者を優先するという方針を職員全員で共有する必要があります。

➡ ルールとしてマニュアルに明記し、徹底する

　「コールよりも介助中の利用者を優先」という方針を徹底するためには、ルールとしてマニュアル等に明記することが大切です。ルールにすることではじめて、職員は判断に迷わず行動ができるようになります。マニュアルに記載する理由として、利用者が居室で自力歩行で転倒した場合、施設は過失責任を問われないことがあげられます。なぜなら職員が居室で見守り続けることは不可能ですし、そのような義務もないからです。

　一方、目の前にいる介助中の利用者のもとを離れて事故が起こった場合は、安全に対する責任が問われます。Ｓ君が介護福祉士の資格をもっていて、死亡事故になった場合には、業務上過失致死罪などの刑事責任を問われる可能性も考えられます（国家資格者は特段の注意義務を要求されます）。

　居室にいる利用者への安全に対する責任と、目の前の介助中の利用者に対する責任では重さが大きく異なるのです。

➡ センサーコールは事故防止の道具ではないと心得る

　センサーコールのメリットは、居室で転倒した場合に素早く対応できることです。しかし、センサーコールに利用者の転倒を未然に防ぐ効果はありませんし、一度に２か所でセンサーコールが鳴ったり、ナースコールと同時に鳴った場合も対応できません。センサーコールに必要以上に振り回されないことも大切です。

　センサーマットに関する家族へのお願いについては資料編を参照してください。

 ここがポイント！

センサーコールよりも介助中の利用者への対応を優先する

送迎時、玄関で家族に歩行介助を任せたら転倒事故に

事例

　Dさん（88歳男性・要介護3）は、左半身マヒがあり、移動の際には車いすを使用しています。デイサービスを利用していますが、自宅の門から玄関までの20mの路面の状態が悪く車いすが使えないため、送迎時はDさんに歩いてもらい、職員がそれを介助しています。

　いつもは家の中まで介助するのですが、ある日の帰宅時、玄関まで介助歩行を行ったところで妻（80歳）が玄関先まで出てきて「ここでいいですよ」と言いました。妻がDさんに手を差し伸べたため、職員は「今日はどうもありがとうございました」と言って手を離しました。すると、突然Dさんがふらついて妻と一緒に転倒してしまいました。

　デイサービスは「奥様にお送りして業務を終えた後の事故なので、施設の過失ではない」と主張しています。

本事例の問題点

➡送迎業務の本質を見誤っている

　タクシーのような運送業であれば、「ここまでお届けする（人を輸送する）」という契約内容と解釈できますが、デイサービスは介護事業で運送業ではありません。デイサービスの送迎範囲は、「居宅に帰着し安全な状態と認められるまで」です。なぜなら、送迎業務は車両の乗降や屋外の歩行を介助して移動させるという、施設の介護業務の一環とみなされているからです。本事例の場合、居宅内で座位の状態になるまでお送りしなかったことが問題でした。

➡80歳の妻に任せた

　家族が自ら介助すると申し出れば、お任せしても問題ありませんが、それは任せても安全であると判断できる場合に限られます。車いすの利用者の歩行介助を80歳の妻に任せることは到底安全とはいえないので、本事例は安全配慮義務違反で賠償責任を問われる可能性もあるでしょう。

改善のポイント

➡送迎時の対応を家族と取り決めておく

その場の流れで対応を変えると、判断ミスを誘発する原因になります。いろいろな状況を想定して、事前に家族と話し合い、以下の表のように取り決めをしておきましょう。

●送迎時の取り決め（例）

どこまでお送りするか？	・リビングの椅子に座るまで ・玄関の上がりかまちに座るまで　など
家族がいなかった場合は？	・鍵を開けて入り、椅子に座ってもらう ・他の利用者を先に送り、最後にもう一度送り届ける　など
日中独居の利用者の場合	・照明とエアコンのスイッチを入れるまで ・靴を脱がせるところまで　など

プラスワン　自宅の環境を改善してもらう

本事例の場合は、自宅の門から玄関まである 20m の通路の状態が悪く、車いすが使えないことが大きな問題でした。

このような場合、ケアマネジャーや家族に要望を出して、リスクを改善してもらうことも大切です。

住宅改修や福祉用具のレンタルによって、自宅の環境リスクはかなり改善します。介護保険で補助が出ますので、事業所から提案するとよいでしょう。

 ここがポイント！

送迎時介助はどこまでがデイサービスの担当か、家族とあらかじめ細かく決めておく

夜間転倒し経過観察したが、翌朝容態が急変

事例

　老健で夜間に見回りをしていたところ、利用者Aさんがベッドの下に座っているのを発見しました。看護師に電話で報告しましたが、緊急性はないものと判断し、経過観察となりました。介護職員は見回るたびに気にかけていましたが、特に問題がなさそうなので、翌朝の朝礼で口頭のみで引き継ぎました。

　ところがその後、看護師の判断で整形外科を受診しようとしたところで、Aさんは突然意識を失って、総合病院に救急搬送されました。病院では硬膜下出血と診断され、緊急手術となりました。

本事例の問題点

➡受診判断が甘かった

　介護施設で夜間に転倒事故があった場合、翌日まで経過観察することは珍しいことではありません。しかし、後ほど転倒が原因と思われる極めて重篤な容態に陥ることがないように、受診判断はより慎重に行うべきでした。

➡発見時に事故発生状況の検証がされなかった

　施設で起こる転倒・転落事故の半数以上は状況が不明ですが、事故発見時の状況を検証し推定する必要があります。今回の場合は、ベッドからの転落の可能性を検証するべきでした。

➡経過観察とした根拠と記録が十分に残されていなかった

　看護師が経過観察と判断した根拠が記録されておらず、口頭のみで引き継いだことは問題です。緊急受診の必要がないと判断した根拠を記録すべきでした。

➡経過観察のルールが明確でなかった

　介護職員が気にかけるだけでなく、どのように経過観察するかを具体的なルールにして決めておく必要がありました。

改善のポイント

➡多職種で話し合って対応手順を決めておく

提携医や看護師、介護職員、相談員などで話し合い、誰がいつ事故を発見しても正確な対応ができるよう、日ごろから準備しましょう。

事故発生時は、以下の手順に沿って対応するよう徹底します。

●事故発生時の対応の手順

容態確認	発見者は看護師を呼び 痛みの有無・受傷部位・バイタル値などを確認し、記録する
事故状況検証	本人に事故状況を尋ね、記録する。本人から聞き取れないときは、介護職員と看護師で5分程度カンファレンスを開き、事故発見時の状況から事故状況を推定し、記録する
受診判断	腫脹、痛み、関節可動域、バイタル値を確認して、看護師が受診の必要性を判断する。ただし、認知症のある利用者については痛みの訴えがないものとして判断する。顔面などに打ち身があれば、頭部打撲があったと判断する
家族連絡	家族に連絡し、受診判断とその根拠を説明して了解を得る。夜間の連絡の必要性は家族ごとに個別に取り決めるが、基本はすべての事故で連絡を入れる方向で調整する
経過観察方法	受診せず経過観察とした場合、何時間おきに何を観察し記録するのかをルール化する。体温、血圧などのバイタル値の他にも、表情と呼吸の変化を観察し、記録する
事故状況の再検証	事故の目撃者や衝撃音を聞いた利用者などを再度チェックし事故状況を再検証する。事故発生時の見取り図等も記録する

ここがポイント！ **事故発見時の対応手順を6項目に分け、多職種間で対応方法を明確に決めておく**

転倒後「大丈夫」と言ったが、ひどい痛みと家族に訴え

事例

　特養ホームのショートステイを利用しているCさんは、軽度の認知症があります。ある日、食堂に移動する際に転倒し、シルバーカーに顔をぶつけ、頬に擦り傷ができました。介護職員が「大丈夫ですか？　痛くないですか？」と尋ねると「大丈夫よ」と言ってそのまま夕食を食べ、就寝しました。

　しかし、翌朝起きてみると顔が腫れ上がっていたので、長男に連絡して受診してもらいました。受診後「頬の骨にヒビが入っていた。どうして一晩もの間放置したのか」と激怒して電話が入りました。Cさんは受診時に「痛くて眠れなかった。こんなつらい目に遭ったのは初めてだ」と長男に不満をもらしていました。

本事例の問題点

➡利用者の言葉を鵜呑みにしてしまった

　転倒して打撲しても、直後はあまり痛みを感じませんから、大丈夫と答えるかもしれません。転倒した時周囲に心配をかけたくないという遠慮から、痛くても大丈夫と言うこともあるでしょう。事故直後のお年寄りの「大丈夫」という発言をそのまま信用してはいけません。本事例の場合は、せめて就寝前に痛みを確認するくらいの配慮が必要でした。

➡顔面の打撲を事故時の見た目で軽く考えた

　顔面の打撲は腕や足などと異なり、事故後の経過に注意を払わなくてはいけません。顔面も頭部ですから頭部打撲ですし、頬骨の打撲は大きく腫れたり眼球周囲の内出血などを引き起こしていることがあるからです。本事例の場合は、頬の擦り傷程度と軽く考えてしまったことが問題です。

改善のポイント

➡事故時の声のかけ方を工夫する

「痛むところはどこですか？」など、痛むことを前提として具体的に尋ねましょう。

痛むところは
どこですか？

また、本事例のように危険な箇所をケガした可能性がある場合は、大事に至らなくても念のため受診することが大切です。

利用者が遠慮するようなら、利用者の身体を心配する気持ちを伝えて受診をお願いしましょう。

➡危険がある場合の声のかけ方を工夫する

高齢者は遠慮して、「介助しなくて大丈夫」と言うこともあります。危険がある場合は返事をそのまま受け取るのではなく、「お願いですから付き添わせてもらえませんか」「付き添わないと先輩に叱られてしまうので、私を助けると思って介助させてください」など、利用者の精神的負担を軽減する声かけを工夫しましょう。

私を助けると思って
介助させてください

➡家族が「大丈夫」という場合も

本事例では本人が大丈夫と言いましたが、なかには配偶者が「いつものことだから大丈夫」と言ったので受診させなかった事例もあります。本事例は結果的に大きなケガだったため、親族からのクレームに発展しました。配偶者も高齢であれば危険に対する認識が低いことが考えられるので、痛みの訴えがあった場合は受診が基本です。

痛みの訴えがあった場合は
受診というルールですので

ここが
ポイント！

利用者が遠慮していることを前提に
・痛むことを前提に具体的に尋ねる
・利用者の精神的不安を減らす声かけをする

搬送先の病院に施設長が来ていないと家族が激怒

事例

　ほとんど寝たきりの利用者を機械浴への搬送中に、介護職員がストレッチャーの安全ベルトを装着するのを忘れて、床に転落させてしまいました。

　救急車に同乗した介護職員は気が動転していて、病院に駆けつけてきた息子さんに対して必死に謝るものの、話がまとまらず要領を得ません。息子さんは、「責任者である施設長がこの場に来ていないのがおかしい！」と激怒しました。

　その日は休日だった施設長は慌てて駆けつけましたが、息子さんに「あんたがたるんでいるからこんな事故を起こすんだ」と強く責められてしまいました。

本事例の問題点

➡ 当事者の介護職員が救急車に同乗してしまった

　本事例のように介助中の事故で救急搬送された場合、事故に関わった職員は救急車に同乗して病院に行ってはいけません。なぜなら事故を起こした当事者は、家族に対して冷静に説明できる精神状態ではないことが多いからです。

➡ 家族対応についての準備ができなかった

　本事例では施設長が病院に急行していないことに対して、家族が猛烈に抗議しました。現場は混乱して、「施設長に連絡して、責任者から正式に家族に謝罪と説明をしてもらう」ということを思いつかなかったのでしょう。

　この根本原因は「施設長に連絡をしなかった現場の職員が悪い」ではなく、事故が起こった際に、誰がどのように家族対応をするかという点について、施設内でルールを取り決めていなかったことです。

改善のポイント

➡家族に説明するのは相談員

　事故直後の家族対応に適しているのは、日常的に家族とやりとりをしている相談員です。そこで、以下のような対応手順を取り決めておくとよいでしょう。

●事故直後の家族対応の手順

事故発生

担当介護職員	●安全を確保する　●看護師を呼び、事故の状況を説明する

看護師	●救命救急対応を行う　●救急車を呼ぶ（判断する） ●相談員が間に合わない場合は、救急車に同乗する
担当介護職員	●救急搬送が決まったら、相談員を呼ぶ ●施設内にいなければ、オンコール当番の相談員に連絡し、状況を説明して病院に急行してもらう ●施設長に連絡する

相談員	●間に合えば救急車に同乗する。間に合わなければ病院に直行する ●病院にて家族対応

➡施設長が病院に急行する事故とは

　施設長が病院に駆けつけて、直接家族対応に当たる必要がある事故は、以下の2種類です。

施設側の過失が 大きい事故	「そんなミスは通常あり得ない」というような重大なミス、ルール違反など、非難性の高い事故
重傷事故	意識不明など、事故の結果、利用者が重篤な状態に陥った事故

　「この事故に該当する場合は、すぐに施設長の個人の携帯に連絡を入れる」というルールにします。施設長が家族よりも先に病院に着いて、駆けつけてきた家族に誠心誠意謝罪すれば、家族の心証もよくなるでしょう。

ここが
ポイント！

施設の過失が大きい事故では、施設長は必ず病院に駆けつける

リスク説明書に印鑑をもらったが事故後に家族が苦情

事例

　転倒や誤嚥などで家族とトラブルが続いていたA老健では、新規入居のMさんに対しては、リスク説明書を用いて家族に介護中の事故に関するリスクを説明し、転倒事故のリスクの承認に同意する旨の印鑑をもらうことにしました。

　入居してみると、Mさんは歩くことができないにもかかわらず、突然車いすから立ち上がることが何度かありました。危ないので職員一同注意して見守りをしていたのですが、ある日、突然立ち上がって転倒し、骨折してしまいました。

　相談員はリスク説明書を見せて「リスクについてはご納得いただいていますよね」と話しました。息子さんは「リスク説明書に押印させたのは、事故の責任を免れるためだったに違いない」と不信感をあらわにして、市に苦情申立をしました。

本事例の問題点

➡無責任な印象を与えた

　入居時のリスク説明書への署名捺印が、「文句を言わないよう強要された」と誤解を与えてしまいました。消費者契約法で、「一方的に事業者の賠償責任を免れるような約定や契約を締結してもその効力は認めない」と定められていますから、過失があれば施設には賠償責任が発生します。

●入所時リスク説明書（参考例）

（入所時リスク説明書の書式）

改善のポイント

➡施設が取り組む事故防止策を説明する

家族にリスクを伝える場合、「防止対策とセットで説明すること」が鉄則です。「お母様はパーキンソン病の歩行障害があるので、歩行中の転倒のリスクが高いと考えられます。当施設では、○○のように防止対策を講じます」と具体策とともに説明すると、家族は比較的抵抗なくリスクを受け入れてくれます。

「ご家族様も事故防止にご協力ください」と、事故防止に対する家族の役割について説明するのも効果的です。施設は専門家の立場から、家族は利用者の生活をよく知る立場から協力し合えば、事故発生時のトラブルを減らせます。

以下に、①転倒事故が発生するリスク、②施設が行う転倒防止対策、③家族にお願いしたい協力事項、の3点セットで説明するパンフレットの一例をあげます。参考にしてください。

パンフレットの例

私たち介護職員は、入居者様の転倒防止に取り組んでいます
ご家族のみなさまもご協力をお願いします

ひとりでトイレに行って転倒するケース
施設内の転倒事故で多発しているのがひとりでトイレに行こうとして転倒するケースです。特に夜間や早朝は完全に覚醒していないため転倒しやすく危険です。

トイレに行く時はナースコールで介護職員を呼んでいただくようお願いしています。転倒の危険の少ないポータブルトイレや尿器の使用もお勧めします。

●ご家族様へのお願い
介護職員に対する遠慮からご自分でトイレに行こうとする入居者様がいらっしゃいますので、ご家族から遠慮しないで介護職員を呼ぶようにお話し下さい。

入所後間もない時期に転倒するケース
入居したばかりの時期は、施設の環境に慣れないため転倒の危険が高くなります。また、居宅での生活環境の急激な変化から転倒が多くなる入居者も居られます。

どなたでも慣れない環境では事故の危険が高くなりますが、認知症の入居者様は環境変化に対応できずに転倒します。入居当初は歩行できる入居者様にも付き添いなどをさせていただきます。

●ご家族様へのお願い
入居されてしばらくは、ご家族からも歩行やベッド上の動作に対して注意を喚起して下さい。また、自宅で安全に歩行できた方でもしばらくの間は自重されるようお話し下さい。

認知症のある入居者様のケース
認知症や健忘のある入居者様は、ご自分の転倒の危険を忘れてひとりで歩いて転倒してしまいます。防止することが最も難しいケースです。

ベッド上の動作を知らせる"センサーコール"を設置して、介護職員が病室に急行させていただきます。また、大腿骨の保護パッドが付いた下着などの着用をお勧めしています。

●ご家族様へのお願い
認知症や健忘があり転倒などの危険を忘れてしまう入居者様には、ご家族のご協力が欠かせません。転倒防止と同時に転倒した時のケガの防止についてもご協力下さい。

 家族への協力依頼の文書とパンフレットは資料編を参照してください。

ここがポイント！

家族に施設でのリスクを説明するときは、防止対策とセットにする

転倒・転落

事故後の家族対応

誤嚥・窒息事故に対する基本的な考え方

 ## 誤嚥・窒息事故の特徴

　誤嚥とは、食べ物などが誤って気管に入ってしまう状態をいいます。肺炎の原因にもなるので注意が必要です。一方、窒息とは、食べ物などが咽頭または食道に詰まって、呼吸が止まることをいいます。いずれの場合も詰まった異物を素早く除去して、呼吸を確保する必要があります。

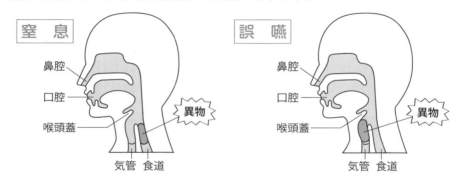

　摂食嚥下機能が低下している利用者や認知症の利用者は、誤嚥・窒息事故のリスクが高いので、基本的な防止対策を怠らないようにします。しかし、口から食事をしている限り、誤嚥・窒息事故を完全に防ぐことは不可能です。

　特に窒息は、発生したときの救命対応が生死を分けるといっても過言ではありませんから、事故発生時の対応が大変重要です。

　また、窒息事故による死亡は、元気だった利用者が突然亡くなるわけですから、家族は大きなショックを受けます。そのため、防げない事故だったとしても、訴訟などのトラブルに発展しやすくなります。

● 誤嚥・窒息事故の対策の力配分表

誤嚥・窒息事故対策の力配分表	事故防止対策	😊
	事故発生時対応	😊😊😊
	事故後の家族対応	😊😊

😊 ：やるべきことを行う
😊😊 ：力を入れる
😊😊😊 ：最大限の力を入れる

⚜ 事故防止対策のポイント ⚜

❶**摂食嚥下機能の把握**：担当の医師に相談して、嚥下機能を評価する。

❷**摂食嚥下機能に即した食事形態**：嚥下体操などの嚥下機能回復訓練を行うとともに、適切な形態（飲み込みやすい大きさに切り分ける、とろみをつけるなど）での食事を提供する。

❸**適切な食事介助**：急かさず利用者のペースに合わせる、利用者に合った一口量にするなど、落ち着いて食べられる工夫をする。

❹**食事に適した姿勢保持**：飲み込みやすい前屈みの姿勢で食事ができるよう、座位の角度、テーブルや椅子の高さが適切かを確認する。

⚜ 事故発生時の対応のポイント ⚜

　食べ物が食道に詰まった場合、背中をたたくことで食べ物を胃に送ることができますが、気管に詰まった場合は肺に落ちては危険です。詰まっている場所が気管か食道かは判別できないので、背中より口を下の姿勢にして背部叩打法を施行します。ただし、誤嚥・窒息事故は生命に関わることがあるので、吸引や救急車要請のルールづくりが重要です。

背中より口が下

背中より口が上

①背中を叩いて異物を取り除くことを利用者に説明する。
②利用者の頭を下げ、異物が重力でおりてきやすいようにする。
③手のつけ根（手根部）で両肩甲骨間を力強く、続けて叩く。叩く方向は頭のほうへ。

⚜ 事故後の家族対応のポイント ⚜

　窒息で重大な事故になった場合、現在の容態や治癒の見込みなどの医療的な見解を、丁寧に細かく説明することが大切です。一方、窒息事故における施設側の過失の有無については安易に口にすると、「言った」「言わない」でトラブルに発展しがちなので、しっかりと調査や検証を行ってから正式に説明することが大切です。誤嚥の死亡事故で訴訟になる事例は、そのほとんどが事故後の家族対応が不適切だったことが原因です。

家族の要求する
無理な介助方法で誤嚥事故

事 例

　特養ホームに入居中の利用者Mさんは、嚥下障害があるので胃ろうを造設しています。入居時に次女から「家では私が食べさせていたので、施設でも口から食べさせて欲しい」という強い要求があり、施設は渋々経口摂取を引き受けました。
　ところが、食事介助を行ってみると、経口摂取ができるレベルではなく、ひどくむせて苦しそうです。次女に経管栄養を勧めましたが「私がやっていたときはうまくいった。あなたたちのやり方が悪いのではないか」と、聞く耳をもちません。
　数か月後、Mさんは誤嚥性肺炎で亡くなってしまいました。

本事例の問題点

➡断るべき危険な介助法を安易に受け入れた

　「口から食べて死ぬのなら本望です」などと無理な経口摂取を要求してくる家族がいます。それを受け入れて介助中に事故が起きた場合、施設は「家族の無理な要求が原因だから、施設に責任はない」と主張できるでしょうか。答えはNOです。

　たとえ要求が不適切であると家族に指摘したとしても、その介助方法を受け入れて実行すれば、安全配慮義務違反として施設は過失責任を問われます。施設は家族から無理な要求がある場合、それができないことを理由も含めて説明しなければなりません。本事例は、家族に対する説明不足が一番の問題点といえるでしょう。

　介護保険法第87条（特養ホームの場合）には「要介護者の心身の状況等に応じて適切な指定介護福祉施設サービスを提供する」とあります。不適切な方法とわかっていながら介護サービスを提供することは、介護保険法に違反することになります。家族を説得して介助方法を変更し、適切な介護サービスを提供するという法的な義務が施設にはあるのです。

改善のポイント

➡ 家族からの無理な要求は断る

本事例の誤嚥性肺炎の原因は、経口摂取ができる状況でない利用者に経口摂取を続けたことです。この防止対策としては、家族からの無理な要求を断ることです。断るためには、次の2つの方法が有効です。

❶ 書面を用意して明確に断る

本事例以外にも、無理な要求や利用者にとって不適切な我流の介助方法を要求してくる家族もいるでしょう。これらの無理な要求には応えられないことを説明する書面などを用意し、入居時に説明して断ることが大切です。

「私どもの施設は介護保険という公的な制度で運営されているので、利用者の危険につながる介助方法は法令で禁止されています」と説明すると、家庭介護との違いを理解し、納得してもらえることが多いようです。

❷ 断る基準は多職種連携で決定する

医師やリハビリ職などの専門家が介助方法の可否を判断すると、家族は納得しやすくなります。医師に協力を仰いで嚥下造影検査等の画像診断を行い、利用者にとって経口摂取がどの程度危険かを科学的に説明することも重要です。

現場の工夫

ある施設が入居時に使用している書面の内容

当施設では、入居者の介助方法についてご家族のご要望にできるだけお応えしますが、次のような介助方法については受け入れられませんのでご了承ください。

①入居者ご本人にとって不適切と考えられる介助方法（たとえば、本人に苦痛が生じるようなケース）

②施設業務の運営上対応が不可能な介助方法（「24時間常時見守りをして欲しい」など人員配置上不可能なケース）

③ご本人の生命の危険につながるような介助方法（「口から食べて死ぬなら本望だ」など家族がリスクを容認している場合でも同様です）

ここがポイント！

リスクの高い危険な介助法は断り、家族にも理解してもらう

嚥下機能に問題のない利用者が窒息事故で死亡

事例

　特養ホームの利用者Kさん（89歳・要介護4）は、右半身マヒで車いす全介助のため、食事も車いすのまま食べています。嚥下機能は正常で、食事形態も普通食です。

　小柄なKさんにもっとフィットするようにとの家族の意向で、小型で座面の低い車いすに変えることになりました。Kさんは生活しやすくなったと喜んでいたのですが、そのころから食事中にむせるようになりました。

　ある日、むせとともにKさんの喉からヒーッという音が聞こえてきました。すぐに救急車を要請して搬送しましたが、Kさんは病院で亡くなりました。

本事例の問題点

➡むせが増えたときに原因究明をしなかった

　一般に摂食嚥下機能が低下すると誤嚥のリスクが高くなると言われています。しかし、誤嚥は嚥下機能だけでなく食事の姿勢が原因で起こることもあります。

　私たちは食事を摂るとき、前屈みの姿勢で食べ物を上から見下ろし、下から口に食べ物を運んでいます。それが身体の仕組みに合った動作・姿勢だからです。ところが、フットサポートに足を乗せて車いすで座ったまま食事をすると、上半身が後ろに反り返って顎が上がってしまいます。顎が上がることで食べ物が気管に入りやすくなり、誤嚥事故のリスクが高くなるのです。

　Kさんは車いすの座面は下がったけれどもダイニングテーブルの高さは変わらなかったことで、顔が上向きになったために顎が上がり、誤嚥のリスクがさらに高くなったと考えられます。

　むせは誤嚥・窒息事故のヒヤリハットですから、急にむせが増えた時点でその原因を探って解消すべきでした。

改善のポイント

➡ 車いすでも正しい食事姿勢がとれるよう工夫する

安全に食事をするためには、前屈みの姿勢になることが大切です。もう少し細かく言うと、足底が床について体重が前にかかり、顎を引いて下を向いている姿勢です。

通常は車いすを使用している利用者も、食事のときにはできれば普通の椅子に座り直すことが理想的です。しかし、施設で食事のたびに、すべての車いす利用者を椅子に移乗することは現実的に難しいでしょう。

車いすでの誤嚥事故防止には、逆三角形クッションなどを利用して、車いすでも正しい食事姿勢をサポートすることがおすすめです。下のイラストのように、クッションを車いすの背もたれと背中の隙間に入れて、前屈みの姿勢をつくるのです。このクッションを使い、フットサポートから足を降ろして床につけることで姿勢も安定します。クッションの効果は抜群で、頻繁にむせる人もかなり改善します。

車いす上で安全に食事するための３条件

ポイント①
テーブルの高さは利用者のおへその位置を目安にする

ポイント②
逆三角形クッションなどで前屈み姿勢をつくる

ポイント③
床に足底をつける。つかなければ足台を用意

ここがポイント！

誰でも誤嚥が起こることを想定し、食べやすい姿勢になるようサポートする

マニュアルどおりに救命対応したのに、搬送後に死亡

事例

　ある施設の食事介助中、利用者が急にむせて苦しみ始めたため、職員はタッピングに続いて背部叩打法を施行しました。それでも回復しないので、介護職員は看護師に吸引の施行を依頼しました。看護師はすぐにかけつけ、しばらく吸引を施しましたが効果がなく、チアノーゼが出てきました。

　その後、看護師は危険と判断して救急車を要請しました。誤嚥発生から15分が経過していました。職員の救命対応の努力にもかかわらず、利用者は救急搬送先の病院で亡くなりました。

本事例の問題点

➡迅速な救急搬送ができなかった

　誤嚥事故はその発生を防止する対策も重要ですが、家族とトラブルになった場合には事故発生時の対応にミスがなかったかが大きな争点になります。

　ハイムリック・背部叩打法・吸引などの救急救命措置が重要であることは言うまでもありませんが、介護職員や看護師の救急救命措置に必ず効果があるわけではないので、迅速な救急車要請を優先しなければなりません。

　施設は利用者の生命を預かっているので、急変時や事故発生時に適切な救急救命措置を行う義務があります。適切な対応を怠ると施設は過失として賠償責任を問われることがありますので、本事例の場合は救急車を要請することを優先すべきでした。

改善のポイント

➡救急車の要請は6分以内

　「迅速な救急車の要請」とは誤嚥発生から6分がタイムリミットです。このタイムリミットには根拠があります。

　平成28年度の救急車の到着所要時間は全国平均で8.7分ですが、東京を除

く多くの地域では7分程度で到着します（地域格差が大きい）。誤嚥発生から6分後に救急車を要請すると、救急車は誤嚥発生から13分後に到着することになりますが、呼吸が停止して13分後の死亡率は70％程度（カーラーの救命曲線）なので、ここがタイムリミットなのです。本事例

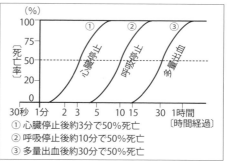

カーラーの救命曲線（改変）

① 心臓停止後約3分で50％死亡
② 呼吸停止後約10分で50％死亡
③ 多量出血後約30分で50％死亡

資料：（財）救急振興財団「〔改訂版〕応急手当講習テキスト」

のように、15分後に救急車を要請したのでは、救急車の到着は呼吸停止後22分ですから死亡は免れないでしょう。

　救急救命措置の対応は次のように見直さなければなりません。この手順であれば6分以内に救急車を要請することができます。

❶ 誤嚥発生に気づいたら、迅速に看護師に吸引を要請する。
❷ 職員は看護師が吸引を開始するまで背部叩打法、ハイムリックなどの救急救命措置を行う。
❸ 看護師は吸引開始時に救急車を要請し、救急車到着まで吸引を施行する。

●本事例の手順

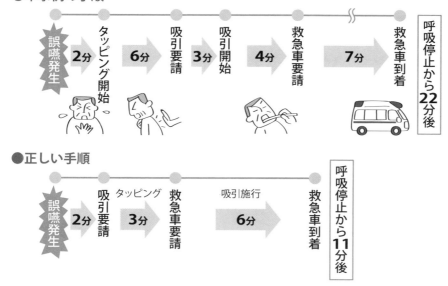

誤嚥発生 → 2分 → タッピング開始 → 6分 → 吸引要請 → 3分 → 吸引開始 → 4分 → 救急車要請 → 7分 → 救急車到着　呼吸停止から22分後

●正しい手順

誤嚥発生 → 2分 → 吸引要請 → 3分 タッピング → 救急車要請 → 6分 吸引施行 → 救急車到着　呼吸停止から11分後

ここがポイント！　窒息が起きたときは6分以内に救急車を要請する

前夜発熱した経管栄養の利用者。翌朝受診するも肺炎で死亡

事例

特養ホームに入居しているＳさんは、経管栄養を行っています。ある夜、職員が巡回しているときに、痰が絡んでいることに気づき、体温を計ると 37.8℃、SpO₂※は 92％でした。施設では流動食の注入を 9 時、11 時、17 時に行っており、記録ではこの日も問題なく注入を終えていました。職員がオンコール当番の看護師に報告したところ、看護師は緊急性が低いと判断し、翌朝の容態を見て受診判断することにしました。

翌朝、看護師がＳさんの SpO₂ を計ると 80％だったため、すぐに病院を受診しました。診察した医師は「肺炎がかなり進行していて危険な状態」と診断し、Ｓさんは 3 日後に亡くなりました。

※SpO₂：血中の酸素飽和度

本事例の問題点

➡経管栄養の肺炎リスクを知らなかった

本事例の問題点は、肺炎の徴候に気づくことができなかったことです。

嚥下機能の衰えた利用者は、唾液も誤嚥します。口腔内が雑菌でいっぱいの状態で唾液を誤嚥すれば、口腔内の雑菌が気管から肺に侵入し、肺炎を起こします。寝たきりに近い状態の経管栄養の利用者は、当然免疫力が低下していますから、そのリスクはより高くなります。

Ｓさんの場合、気づいたときにはかなり肺炎が進行していましたから、発熱と痰の絡みに気がつく前にすでに苦しそうな表情や顔面の紅潮があったと思われ、それを見逃していたことが疑われます。看護師だけでなく、介護職員や他の職員にも「経管栄養の利用者は肺炎を起こしやすいので、その徴候がないか絶えず様子に気を配る」という配慮に欠けていたことが問題でした。

改善のポイント

➡肺炎の徴候を見逃さず適切に対処する

　経管栄養の注入や、その他の介助を行う際には、特に「表情と呼吸をしっかり観察する」ことが大切です。何となく様子を見るのではなく、意識的に10秒ほどは表情と呼吸の状態を観察するようにルール化します。

　様子がおかしいことに気づいたら、以下の手順で対応しましょう。

> ❶ 苦しそうな表情・顔面の紅潮や荒い呼吸などが見られたら、胸か背中に耳をつけて呼吸音を聞くと同時にバイタルチェックを行う。
>
> ❷ 呼吸音に雑音が聞こえたり、バイタル値が平常時と異なれば、看護師に連絡し、指示を仰ぐ。
>
> ❸ 看護師は利用者の様子とバイタル値の差を参考にして、受診するかどうかを総合的に判断する。

➡経管栄養の利用者のみのバイタル表を作成し、事故発生時に生かす

　バイタル値の変化で肺炎の徴候に気づくことも大切です。そのためには、経管栄養の利用者のみの平常時バイタル表をつくって、その利用者ごとの平常時との差異について観察するルールをつくりましょう。こうした習慣があると、いざというときにすぐに異変を察知し、対応することができます。

●平常時のバイタル表の例

氏名	経管種別	体温	血圧	脈	SpO$_2$
Kさん	鼻腔	36.5	120／60	78	96%
Sさん	胃ろう	36.9	136／70	76	95%
Mさん	胃ろう	36.4	122／47	77	92%
Yさん	鼻腔	36.5	138／62	78	98%
Hさん	胃ろう	36.3	125／73	74	93%

ここがポイント！　経管栄養の利用者の観察は丁寧に行い、異変に気づいたらすみやかにバイタル等を確認

誤嚥・窒息

事故発生時の対策

誤嚥死亡事故の調査報告書が杜撰（ずさん）で苦情申立に発展

事例

　ある老健で、認知症のある利用者がおやつのワッフルを喉に詰まらせて亡くなりました。事故直後、息子さんから「事故の調査報告書が欲しい」と言われましたが、施設はこれまで調査報告書を作成したことがなかったため、どのような文書を作成すればよいのかわかりません。

　担当介護職員や施設長、相談員で事故発生時の状況について調査を行い、A4用紙1枚で「不可抗力の事故だったので施設に責任はありません」という旨の調査報告書を作成して息子さんに渡しました。

　息子さんは、「これでは事故状況も事故原因もわからない。きちんと調査して報告書を出すべきだ」として、市に苦情申立を行いました。

本事例の問題点

➡綿密な調査をせずに事故の調査報告書を出してしまった

　事故の経過や賠償責任などの法的な責任については、文書で説明するのが基本です。施設側から「事故についてしっかりと調査を行い、後日改めて調査報告書をお出しいたします」と申し出るべきでした。

　調査報告書作成には綿密な調査が必要です。法的な判断などについては弁護士など法律の専門家のアドバイスが必要になりますし、誤嚥による死亡事故の過失調査ともなれば、嚥下機能について言語聴覚士（ST）や医師の意見なども必要になります。本事例のように、施設の一部の職員による話し合いだけで調査報告書を作成したことは大きな問題です。

　調査報告書の作成には費用も労力もかかりますが、家族に納得していただくためにも、訴訟を回避するためにも重要なことです。訴訟を検討していても、調査報告書の内容を吟味して事故に過失がないことが明白であれば、弁護士が訴訟を思い止まるよう家族に話すでしょう。訴訟回避のためのコストとして調査報告書作成費は決して高くはありません。

改善のポイント

➡正しい調査報告書のつくり方を知る

　事故が起こったときは、必ず「後日、事故の詳細と過失の有無を含む調査報告書を提出する旨」を申し出ます。過失を判断するポイントは未然に事故を防止できたかと事故が発生した際に適切に対応したかの２つです。

誤嚥事故の防止について

❶ 摂食・嚥下機能の評価：水飲みテストなど嚥下機能の評価を行ったか？

❷ 服薬による嚥下機能の影響をチェックしているか？

❸ 摂食・嚥下機能に対応する食事形態の配慮をしているか？

❹ 認知症によって発生する誤嚥の危険に対して配慮をしているか？

❺ 摂食・嚥下に必要とされる正しい食事姿勢への配慮をしているか？

❻ 食前に口の体操など口腔機能を円滑にするための配慮をしているか？

❼ 食事を急がせないよう食事時間への配慮をしているか？

❽ 嘔吐物など誤嚥につながるような体調不良に配慮しているか？

❾ 誤嚥が起きたとき、素早く対処するための準備や見守りは適切だったか？

　これらすべてがクリアできないと過失になるというわけではありませんが、特に❶〜❹が杜撰な状況だと裁判ではかなり不利になるでしょう。

誤嚥発生時の対応について

❶ 誤嚥事故の迅速な発見：長時間見守りが途絶えるようなことはなかったか？

❷ 食事中の挙動：チョークサインなど異常や変化を見逃さなかったか？

❸ 迅速な看護師の対処：介護職員は迅速に看護師を呼んだか？

❹ 重篤な場合の救命措置：心肺停止状態の場合、適切な心肺蘇生術を施したか？

❺ 気道確保のための処置：吸引などの気道確保の処置を迅速に行ったか？

❻ 迅速な救急車の要請：誤嚥発生から6分で救急車を要請したか？

❼ 対応の訓練：タッピングや吸引など、手技の訓練を行っていたか？

　7項目すべてをクリアしないと過失と認定されるわけでありません。しかし、❻迅速な救急車の要請は大きなポイントです。救命処置がうまくいかなかったときに救急車を要請するのではなく、救急車が到着するまでの間救命処置を行うと考えるほうが安全でしょう。

ここがポイント!

重大事故は丁寧に検証した調査報告書を作成して、誠意をもって説明する

事故直後に施設長が過失はないと説明して訴訟に発展

事例 ....

　認知症のある利用者Hさん（93歳）が、肉団子を喉に詰まらせて窒息、死亡しました。Hさんは嚥下機能に障害はなく普通食でした。職員が気づいて、すぐ吸引しましたが効果がなく救急車を呼び、救急搬送先の病院で亡くなったのです。

　救急搬送先の病院で家族に詰め寄られた施設長は、マニュアルに則って適切に対応できた自負があり、「Hさんは嚥下機能に障害もなく、普通食と介護計画書にも書いてあります。ご家族も押印されていますし、嚥下機能に問題がないことはご存知だったかと思います。この事故は不可抗力だったとご理解いただきたい」と説明しました。

　家族はこの説明に激怒し、「以前から料理を一度に口に詰め込むトラブルがあった。注意していれば防げたはずだ」と訴訟を起こしました。

本事例の問題点

➡事故直後に過失がないと説明してしまった

　一般的に、介護事故の過失の判断は難しいとされています。判例が少ないことと、介護事故について詳しい弁護士が少ないことがその理由です。

　本事例の最大の問題点は、重大事故の直後に施設長が「施設に過失がない」と説明してしまったことです。介護事故の過失判断をするには、詳細な調査を行う必要があります。病院に駆けつけて来た家族は大変ショックを受けた状態でいますから、調査もしていない段階で過失に言及する発言は、無責任な態度と受け取られる可能性が高く、大きなトラブルに発展しかねません。

　また、過失がある事故なのに「施設の過失はない」と説明すれば、苦情申立や最悪の場合、訴訟を起こされるかもしれません。逆に過失がない事故なのに「施設の過失です」と説明してしまうと、施設が支払った賠償金は保険会社から支払われないので、施設に大きな痛手となります。

改善のポイント

➡過失が明らかな事故の場合のみ、事故直後に謝罪が必要

　事故直後に説明することをあらかじめ決めておくとよいでしょう。過失について説明してもよいのは、施設の過失が明らかな場合のみと心得ましょう。

➡過失判断が難しい事故の場合は、過失に言及しない

　本事例は、嚥下機能には問題がなかったが、認知症による詰め込みや丸呑みがあったと家族が証言しています。食事を提供する際に細かく切り分けるなどの対応があれば、窒息事故を防げた可能性がありますが、細かく切っても詰め込めば窒息する可能性はあります。つまり、過失の判断が非常に難しい事故なのです。事故後の救急車要請までの時間等の対応も調査し、総合的に判断する必要があるので、事故直後に過失に言及してはいけません。

➡事故直後に家族に説明すべき4項目

　家族は「今後どうなってしまうのだろう」という不安の中にいます。その不安を少しでも和らげることができるよう、以下の4項目について迅速に医師や現場の介護職員に確認し、丁寧に説明しましょう。

> **家族に説明する4項目**
>
> ❶ 容態：生命の危険など、医師からの容態説明をわかりやすく説明する。
> ❷ 治癒見込み：後遺症、介護の重度化など、事故によって発生する今後の課題について説明する。
> ❸ 事故状況：発見時の状況、事故発生時の状況を説明する。事実説明だけに留め、原因や施設の過失などについては後日改めて正式な説明をする旨を伝え、「現時点では詳しい事故状況や事故原因・施設の過失などが判明していません。今後きちんと調査し、その結果はあらためて正式に説明をさせていただきます。1週間ほどお時間をいただけますか」と付け加える。
> ❹ その他：目撃者がなく本人が認知症など、事故状況が判明してない場合は、事故状況の検証を行い、後日説明する旨を伝える。

ここがポイント! 　事故直後は、現在の容態・治癒見込み・事故状況などの説明とともに、後日、正式に調査報告をする旨を伝える

異食事故に対する
基本的な考え方

 ## 異食事故の特徴

　異食とは、食べ物ではないものを口に入れることで、認知症のBPSDの一つとされています。口に入れるだけでなく、飲み込んでしまった場合は異食事故と呼ばれます。本書では故意に口に入れた場合だけでなく、BPSDがあるために誤って飲み込んだ場合も異食ととらえます。

　異食をする理由は人によってさまざまで、なんでも食べ物に見えてしまう人や、脳の機能障害で満腹感がなく、常にお腹が空いている人もいるでしょう。異食するものも人によって違います。ティッシュや観葉植物の葉を食べる人もいれば、特に傾向などはなく何でも口に入れる人もいます。

　異食は突然起こるので、防ぐことが難しい事故です。さらに、危険物品を異食すると生命に関わるので、事故発生時の対応も大変重要になります。

　一方で、食べ物でないものを口に入れる利用者の家族は、異食事故を起こしやすい状態であることに気づいています。日ごろから信頼関係を築いていれば理解を得やすく、事故発生後のトラブルは避けやすい事故といえます。

● 異食事故の対策の力配分表

異食事故対策の力配分表	事故防止対策	
事故発生時対応	
事故後の家族対応	

　　　：やるべきことを行う
　　　：力を入れる
　　　：最大限の力を入れる

◈ 事故防止対策のポイント ◈

　異食事故を完全に防ぐことは不可能ですから、異食したとき生命に関わる危険物品を厳重に管理することで、利用者の生命を守ることがポイントです。異食事故の際にリスクが高い物品は窒息・消化器官の損傷・中毒の3つを引き起こしやすいものです。

事故発生時の対応のポイント

異食事故発生時の対応は、その物品によって異なります。特に危険な3種類の物品を異食した場合の対応方法について、研修会を開くなどして対応を決めておきましょう。

❶ 窒息のリスクがあるもの	ティッシュ、トイレットペーパー、ハンカチ、おしぼり、タオル、座布団や布団の綿、クッションのスポンジ、オムツのポリマー　など
	窒息しやすい物品を異食する利用者は、意識して見守りが必要です。不自然に口を動かしていたら、すぐに口腔内を確認する必要があります。飲み込んでしまった場合は、誤嚥・窒息と同じ救急対応をします（58～59ページ参照）。
❷ 消化器官を損傷するもの	画びょう、ホチキスの針、釘など先がとがったもの、ボタン電池、強酸性・強アルカリ性の洗剤　など
	これらの物品を異食すると、食道や消化器官を損傷する危険があります。少量でも口腔内から食道にかけての消化管壁を損傷するため、生命に関わります。すぐにレントゲン設備がある病院を受診します。
❸ 中毒を引き起こすもの	ガソリン、殺虫剤、アルコール製剤、たばこの浸出液、漂白剤　など
	中毒症状を引き起こす物品は、異食時の迅速で適切な対処がカギになります。事前に対応方法を調べて、マニュアル化しておきましょう。対応がわからない場合は、以下の中毒110番に電話して指示を仰ぐとよいでしょう。

> 財団法人日本中毒情報センター（中毒110番）
> TEL 072-727-2499：365日24時間対応

事故後の家族対応のポイント

利用者に異食があることを家族が知っていれば、異食事故が防ぎにくいことを理解できるはずです。事故状況を詳しく説明し、事故発生時の対応が適切であれば納得してもらえるでしょう。

日ごろから、どんな物品を異食しやすいか、危険物品の管理方法等を家族と話し合い、事故防止に取り組む姿勢を理解してもらうことも大切です。

認知症のある利用者が ホチキスの針を異食

事例

　Mさん（88歳女性・要介護3）は重い認知症のある利用者で、毎月1週間程度特養ホームのショートステイを利用しています。異食があるうえに独歩が可能なので、居室は特別に個室を用意し、不要なものを置かないなど、対応に配慮しています。

　ある日、Mさんは職員スペースのデスクにあったハンドクリームを全部食べてしまいました。施設長がデスクにものを置かないよう指示した矢先、今度は引き出しに入っていたホチキスの針を1箱すべて食べてしまいました。看護師の指示で総合病院の救急外来を受診し、大事には至りませんでしたが、施設はMさんへの対応に困り果ててしまいました。

本事例の問題点

➡身の回りの物品を無理に遠ざけるのは逆効果

　認知症のある利用者のBPSDは、生活環境や生活習慣などを見直すことで改善するケースもありますが、異食の改善はうまくいかないことが多いようです。

　見守りを強化しても、異食が起こるときはあっという間なので、完全に防ぐことは難しいでしょう。また、身の回りの物品を遠ざけるとより落ち着かなくなり、本事例のように動き回ることができる利用者の場合は、逆効果になることが多いようです。

➡異食事故を分類していない

　本事例の問題点は、「何を異食したか」について分類することなく、すべての異食事故を同列に扱っている点です。施設が考えるべきことは、施設内にあるものの中で異食した場合に危ないものは何かを検討することです。

改善のポイント

➡ リスクの高い危険物品を厳重に管理する

　まず、異食したときに生命に関わる危険物品は厳重に管理します。私が関わっている施設の利用者にも、ティッシュペーパーや観葉植物の葉っぱなどの異食がときどき見られますが、大きな問題にはなりません。実際、そうした利用者のみなさんも元気に暮らしています。

　異食が起こりやすい主な危険物品は、67ページで一覧にしたように、①窒息のリスクがあるもの、②消化器官を損傷するもの、③中毒を引き起こすもの、です。こうした危険物品は、厳重に管理しましょう。日常生活で目が行き届きにくい浴室や洗濯室、トイレなどは重点的に点検し、次のような具体的な対策を立てておくとよいでしょう。

（1）施設内にあるものを、危険物品とそうでないものに分ける

　これまで異食事故が発生した物品を中心に、利用者の身近にあるものを異食事故になったら危険な物品と生命の危険はない物品に分けます。

（2）鍵がかかるキャビネットにしまう

　危険な物品の現在の保管場所と保管状態を確認します。鍵のかからないキャビネットや引き出しに保管している場合は、鍵を取り付けるか、鍵がかかるキャビネットや引き出しに移動させます。

（3）セーフティキャップがついた容器に移し替える

　洗剤や消毒液など、頻繁に利用する危険な液体製品は、子ども用のセーフティキャップがついているボトルに詰め替えます。知的障害者施設等で利用されていますが、異食癖防止の効果が高いと現場では評判です。

ここがポイント！

口に入れて危険なものとそうでないものに分け、危険な物品を徹底管理する

食事中入れ歯を飲み込んでしまい救急搬送

事例

　Ｋさん（89歳・要介護４）は、重度の左半身マヒと認知症のある女性利用者です。ある日、朝食時に食べ物が詰まって、病院に救急搬送されました。搬送先の病院でレントゲン写真を撮ると、食道と胃の間に入れ歯が映っています。看護師に問い合わせると、３日前の食事中に部分入れ歯が紛失したとのことでした。

　医師から「入れ歯が引っかかって胃の噴門部が腫れ、食べ物が詰まったと思われる。入れ歯を摘出しなければならない」と言われました。

本事例の問題点

➡入れ歯を飲み込んだ可能性を考えなかった

　食事中に入れ歯がなくなった場合、周囲を探しても見つからなければ、飲み込んでしまった可能性を考えなければなりません。入れ歯は大きいので、「あんな大きなものが喉を通るわけがない」と考えるかもしれませんが、認知症のある高齢者が吐き出さずに飲み込んでしまう事故が、案外たくさん報告されているのです。

➡すぐに受診しなかった

　小さな部分入れ歯や差し歯などは、消化器官だけでなく気管へ流入する可能性もあります。気管に入れば窒息の可能性も高まるので、より迅速な対応が求められます。

　たとえ一見元気そうに見えても、食事中に入れ歯がなくなったことに気づいたら、「命に関わる事故が起こった」と考え、必ず受診してレントゲン検査を受けなければなりません。

改善のポイント

➡誤飲が起こった際の対応を知る

　異食や誤飲など、食品でないものを飲み込んでしまった場合、「気管への流入」

と「食道や消化器官への流入」の2種類が考えられます。どちらも危険ですが、医療的対応が違うのでそれを知っておきましょう。また、どちらも早急に病院を受診することが大切です。

（1）義歯の気管内への混入

総入れ歯などの大きなものは気管には混入しませんが、部分入れ歯や差し歯などの小さなものは気管に入ることも考えられます。この場合はすぐに処置が必要で、窒息する前に気管支鏡下で摘出します。

（2）食道や消化器官への混入

入れ歯を飲み込んだ場合、すぐに受診し、レントゲン検査で入れ歯を確認します。これらは誤飲直後に、迅速に内視鏡で摘出しなければなりません。

➡緩みがない入れ歯も外れることがあることを知る

取り外しができる入れ歯は、緩んでいなくても外れる可能性があります。通常、緩んでいない入れ歯が外れるのは、次の場合です。

❶食べ物を噛んだときに入れ歯が破損して誤飲する

❷粘性の強い食べ物を噛んだときに抜けて、食べ物と一緒に飲み込む

❸麺類を頬張ってブリッジが外れる

❹入れ歯で強く噛むことで外れる

ここがポイント！

食事中に入れ歯が紛失したら誤飲を疑って早急に受診する

上あごに刺さった差し歯の処置に時間がかかりクレーム

事 例

　あるデイサービスの昼食後に、認知症のある利用者Mさんが大きな声を出して落ち着かない状態になりました。職員がMさんの様子をよく見たところ、差し歯（ブリッジ）が口腔内上部に刺さっていました。Mさんは抗血栓薬を服用しているため、無理やり抜けば、出血が止まらなくなる危険があります。

　看護師は差し歯を抜かずに消毒だけして、そのまま近所の歯科医を受診しました。歯科医は「口腔外科に紹介状を書きます」と言い、タクシーで大学病院を受診し、切開して差し歯を抜き、処置を終えたのは事故から3時間後でした。

　娘さんからは、事故の対応に3時間もかかったことに対して苦情がありました。

本事例の問題点

➡差し歯が刺さることを想定していなかった

　口腔外科の医師によれば、差し歯が口腔内に刺さる事故は珍しいそうです。しかし、ごく稀にくしゃみや大きな咳などが出たときの弾みで差し歯が外れ、その勢いで刺さってしまうことがあるようです。今回のケースは、咳こんだことが原因ではないかと推測されました。

　職員がどんなに注意しても、本事例のような事故を未然に防ぐことは不可能です。この事故に対して、デイサービスが責任を問われることはありません。

➡問題は対処が遅れたこと

　事故を未然に防ぐことができなかったとしても、処置に3時間もかかったのでは、痛みを我慢している本人はたまったものではありません。本事例の問題は、対処が遅れてしまったことです。

改善のポイント

➡いざというときの相談先を把握しておく

本事例は生命に関わるまでの重篤性はないので、救急車を要請しなかった看護師の判断が誤りとはいえません。かといって、設備の整っていない近所の歯科医に連れて行った時間は大きなロスだったといえます。

介護施設では、いざというときに医療的な相談ができる窓口を把握しておくことが大切です。地域によって救急相談の専門窓口を設置しているところもあるので、以下の２つの窓口をあらかじめ調べて、いざというときには迅速に相談するとよいでしょう。

| ❶ 救急相談センター | 24時間医師が常駐し、救急医療についてアドバイスをしてくれる相談センターがあります。「**一般救急相談センター**」で検索してください。
さらに、まだ全自治体には設置されていませんが、消防庁が始めた「**救急安心センター事業（#7119）**」も役に立ちます。「**救急安心センター**」で検索してみてください。 |

地域で見つからなかった場合

| ❷ １１９番で相談 | 消防署では、軽症の患者に対する救急車の出動を抑制するために、医療資格者からの医療処置に関する相談には、以前より手厚く対応するようになっています。本事例の場合は、看護師が１１９番に電話して「私はデイサービスの看護師です。利用者の口腔内に差し歯が刺さってしまいました。応急処置の仕方と、受診先についてご指示いただけますか」と尋ねれば、口腔内の傷の処置のアドバイスや、口腔外科への受診手配など、さまざまな協力が得られたはずです。
ただし、消防や救急は生命に関わる重症患者さんの救命が最優先ですから、あくまで地域に救急相談センターがなかった場合の選択肢として、節度を守って利用してください。 |

ここがポイント！

予測できない事故に備えて各自治体の一般救急相談センターを把握しておく

異食を理由に利用拒否したら苦情に発展

事例

　特養のショートステイを初めて利用したMさんが、脱衣所のキャビネットの中に入っていた浴室用洗剤を中量程度飲んでしまいました。施設は、Mさんに異食があることを把握しておらず、看護師の指示で病院に救急搬送され、胃洗浄の処置を行いました。

　相談員が息子さんに対して、「異食があるとは聞いていませんでした。このようなことが続くと施設としては責任を負いかねますので、今後の利用をお断りします」とお願いしたところ、家族は「利用拒否は困る」と、市に苦情申立を行いました。施設は、「事故の防止には努めるが、万が一利用中に再度異食事故が起きても、責任を負えない」という承諾書に印鑑をもらおうとしましたが、不適切な文書なので破棄するよう、市から求められてしまいました。

本事例の問題点

➡利用開始前のアセスメントが不十分だった

　「異食があることを聞いていなかった」ことは、家族の責任でしょうか。本事例が重大事故につながった場合、施設は賠償責任を免れるのでしょうか。答えはNOです。介護施設には、適切な介護サービスに必要な情報をすべて入手する義務がありますが、家族は聞かれていないことを話す義務はありません。ですから本事例の事故は施設側の過失と見なされ、施設は賠償義務を負うことになります。

➡事故の検証や過失判断をせず利用を断った

　家庭用の浴室洗剤は毒性がほぼゼロに近いので、この異食事故をことさら危険と大騒ぎをして利用を断ってはいけません。逆に異食した物品が毒性の強い危険なものであれば、カギのかかるキャビネットに収納しておかなければならなかったので、どちらにしても施設の対応は不適切ということになります。

　また、事故が起こった際は、原因調査や過失判断を行うことが先決です。こ

うした検証を一切せずに一方的に利用を断ったのでは、苦情申立をされても仕方ありません。

改善のポイント

➡️アセスメント方法を見直す

「お母様は認知症があるのですか？」などの漠然とした質問では、重要な情報を聞き出せないことがあります。家族が不愉快にならないよう配慮しつつBPSDの内容を具体的に確認し、家族と危険なポイントを確認しておくことが大切です。

アセスメントで確認したい認知症の主なBPSDチェックリスト

- ☐ 食べられないものを口にすることはありますか
- ☐ 遠くまで歩いて行ってしまうことがありますか
- ☐ 同じ行動を繰り返すことがありますか
- ☐ 幻覚や妄想などを見ることがありますか
- ☐ 興奮して暴言を発することがありますか
- ☐ 介護者を叩くなど、暴力行為が出ることはありますか
- ☐ 汚いものに触れてしまうことがありますか

➡️家族と異食防止について話し合う

2001年4月に施行された消費者契約法において、「事業者の債務不履行によって生じた消費者に対する損害賠償責任の全部または一部を免除する条項は無効」と明記されました。本事例のような承諾書があっても、施設側に過失があれば賠償責任を負わなくてはならないということです。つまり、市からの破棄要求は妥当なのです。

この施設がやるべきことは承諾書の作成ではなく、家族と一緒に異食事故を防ぐためにどうすればよいのかを話し合うことです。家庭内ではどのように対策をとっているのか、アイデアをうかがうのもいいでしょう。施設がMさんのために危険な物品の管理方法を変え、それを家族に伝えることで信頼関係を築くこともできるでしょう。

ここがポイント！

注意すべき BPSD は利用前に確認し、異食事故は家庭と施設が協力して防ぐ

基本

誤薬事故に対する基本的な考え方

▶ 誤薬事故の特徴

　誤薬事故とは、本来は服用すべきでない薬を誤って利用者が飲んでしまう事故です。介護施設では稀に、利用者自身が服薬を間違えてしまう誤薬事故も起きますが、多くの場合は職員が違う利用者の薬を服用させてしまう事故です。誤薬は転倒や誤嚥などの突発的な事故とは違い、ヒューマンエラー（人のミス）によって起こる事故の典型例といえます。同時に、きちんと対策をとっていれば防ぐことができる事故ともいえるでしょう。

　誤薬事故が起こってしまった場合は、すぐに受診して医師の指示を仰ぎます。一般的に家族は薬剤の知識がないため、誤薬事故の恐ろしさがピンとこない人が多いようです。事故発生時の対応が明確なことから、事故防止対策に多くの時間と労力を割くことが大切です。

　対策への力配分は以下のようになります。

● 誤薬事故の対策の力配分表

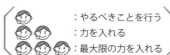

誤薬事故対策の力配分表	事故防止対策	👩👩👩
事故発生時対応	👩
事故後の家族対応	👩

　👩：やるべきことを行う
👩👩：力を入れる
👩👩👩：最大限の力を入れる

≪ 事故防止対策のポイント ≫

　誤薬事故が起こる原因として、主に2種類のミスがあります。

❶ 薬を取り違える
❷ 利用者を別の人と間違える

　❶を防ぐには、薬袋の氏名の印字を大きくして見間違えを防ぐことが有効です。❷を防ぐには、利用者の本人確認を顔写真で照合するなどの工夫がありま

す。これらの方法を徹底し、ミスが発生しにくいように食事介助と服薬介助の手順を見直せば、誤薬事故は大幅に減らすことができます。

◈ 事故発生時の対応のポイント ◈

　他の薬との飲み合わせや、誤薬した人が抱える疾患などによっては生命の危険もある事故です。医師でなければ正確な判断をすることができないので、誤薬事故が発生したらただちに受診ということをルール化しておきましょう。

　看護師が経過観察と判断して、後に死亡した場合、看護師は刑事責任を問われる可能性があります。経過観察の方法も、マニュアル化して適切に行う必要があります。

◈ 事故後の家族対応のポイント ◈

　職員の人的ミスによって起こる事故ですから、過失判断を待たずにすぐに家族に連絡をして謝罪します。その際に、必ず受診の許可をもらいます。家族が薬の怖さを十分知っているとは限りません。職員に気を遣って「わざわざ受診までしなくても大丈夫ですよ」と言う家族もいるかもしれませんが、万一のことを考えて必ず受診の同意をもらわなくてはなりません。

●誤薬を防止するための基本手順

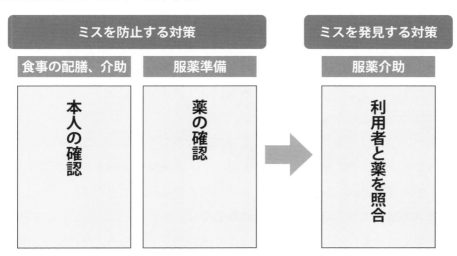

ミスを防止する対策		ミスを発見する対策
食事の配膳、介助	服薬準備	服薬介助
本人の確認	薬の確認	利用者と薬を照合

「与薬に集中」と指示したのに繰り返される誤薬

事例

　特養ホームのショートステイで、新人職員が認知症のある利用者に他の利用者の薬を服用させる事故が起こりました。新人職員はマニュアルどおりに、利用者の氏名を声に出して読み上げ、他の職員と2人で確認したのですが、誤薬事故を防ぐことができませんでした。

　職員は事故報告書で「忙しかったので集中できずに注意力が散漫になってしまった」と、事故原因を説明しました。

　施設長は「与薬に集中するには、薬を確認する前に深呼吸をするとよい」と確認方法をアドバイスしましたが、翌月、同じ職員がまた誤薬してしまいました。

本事例の問題点

➡ 問題は「慌てていた」ことより「利用者を覚えていない」こと

　誤薬事故が起こると、管理者は職員がミスをしないように「集中する」など、職員自身の要因改善を考えます。しかし、集中できない環境や忙しい食事介助などのさまざまな原因がありますから、職員の努力だけでミスを防ぐことは不可能です。そこで誤薬事故の防止対策は「ミスの防止」と「ミスの発見」の2つに分けて防止対策を講じます。

　また、誤薬は「薬の取り違え」と「利用者の取り違え」の2つのケースに分かれますから、それぞれミスの防止と、ミスの発見の手順をつくります。

　本事例の誤薬は、新人職員による「利用者の取り違え」です。

➡ ミスの防止よりミスの発見に重点を置く

　誤薬事故を防ぐには、ミスの防止とミスの発見のどちらにウエイトを置いたらよいでしょうか。服薬は食事介助と一体の業務で慌ただしく集中できませんから、ミスの防止手順よりも、「ミス発見の手順」を工夫するほうが効果があります。

改善のポイント

➡ ミスの発生を防止するための対策

薬の取り違えを防止するための対策としては、薬袋の印字を大きく見やすくするなど、間違えにくい環境を整備することが考えられます。

一方の利用者の取り違えを防止するには、氏名と顔が一致するよう、確認しやすいカードをつくるなどの工夫をするといいでしょう。

➡ ミスを発見するための対策

服薬直前の「薬と本人の確認手順」を見直します。利用者を間違えて他の利用者の薬を持ってきてしまっても、服薬する前に気づくことができれば、誤薬事故は防げます。

役所や銀行などで本人確認が必要な際には、必ず写真付きのものを求められます。それは、顔写真で確認する方法が、最も簡便で最も効果的だからです。介護現場でもこの方法を採用しましょう。

❶ 家族了解のうえ、利用者の写真を撮り、服薬確認シートを作成する。

❷ 下膳後、お盆に服薬確認シートと薬と水を乗せて席に戻る。

❸「山田さん、お薬の時間です。山田さんのお薬に間違いありませんか?」と、写真と利用者の顔を見比べて確認後、服薬してもらう。

● 服薬確認シートの作成例

利用者の情報　　　　　　利用者の写真

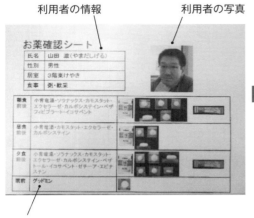

薬の説明

薬・水とともにセットして利用者の服薬介助を行う

ここが
ポイント!

ミスを防ぐ対策と、ミスを発見する対策の両方を行う

2人でチェックしたのに薬を取り違えて誤薬

事例

　誤薬事故が続いたR特養ホームでは、4か月前に法人のリスクマネジメント委員会の指示で、利用者ごとに顔写真入りのお薬カードをつくり、服薬の前に本人確認を徹底するようにしました。にもかかわらず、1か月の間に同じ利用者に対して2回誤薬するという事故が起こりました。

　誤薬の原因は、利用者の薬袋をお薬ボックスから取り出すときに、利用者の氏名を見間違えた（読み間違えた）ことでした。「職員2人で日付と利用者名を声に出して確認する」ということをマニュアルで決めていながら、2人とも間違いに気づかなかったのです。

本事例の問題点

➡ ダブルチェックがきちんと機能していない

　本事例は私が実際に施設に赴き、状況を確認しました。施設のマニュアルでは、お薬ボックスから薬をピックアップした後に、他の職員に声をかけて2人で利用者名を読み上げてダブルチェックすることになっています。問題は、このダブルチェックが機能していなかったことです。

　私は実際の服薬場面を見て驚きました。慌ただしく食事の片づけをしている職員を呼び止めて、ダブルチェックしてもらっていたのです。こんな環境で、手に取った薬袋の氏名を読み上げても、注意深く確認することはできそうにもありません。呼び止められた職員も、行っていた作業に気をとられ、集中できていないようでした。

改善のポイント

➡ 集中しなくても間違えない方法で行う

　ダブルチェックには2種類あります。一つは本事例のように、2人が1回ずつチェックする「2人チェック」、もう一つは場面を変えて2回チェックすると

いう「2場面チェック」です。前者はお互いに相手のチェックに依存してしまうという欠点がありますから、後者の2場面チェックのほうが有効と言われています。ヒューマンエラーの防止対策を注意力や集中力に委ねてはいけません。以下のように2場面チェックへと切り替えたところ、誤薬事故はなくなりました。

前提 わかりやすい場所にお薬ボックスを置く

チェック① 薬を取り出すとき

お薬ボックスで名前の確認

お薬ボックスの氏名が手書きで読みにくかったので、印字シールにして貼りなおしました。ここではっきりと名前の確認ができます。

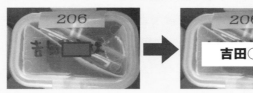

手書きしかも悪筆　　　　　大きな文字で背景も白色

チェック②-1 服薬するとき

薬袋の氏名を大きく読みやすく表示

薬局に相談して、一包化された薬袋に印字されている氏名をより大きく、読み取りやすい字体に変更してもらいました。

印字が小さく明朝体　　　　印字が大きく太字ゴシック体

チェック②-2 服薬するとき

服薬のタイミングに合わせて色を変えた

服薬のタイミングに合わせて色を変えたところ、「朝食後の薬を間違えて夕食後に飲ませてしまう」という種類の誤薬がなくなりました。

朝食後は赤、昼食後は緑というように色分けするとミスがあっても気づくことができる

 ここがポイント！

①薬を取り出すとき
②実際に服薬するとき
の2場面でのチェックを徹底する

誤薬後の経過観察中に、容態が急変し死亡

事例

　ある特養ホームで、介護職員がAさんの薬をNさんに飲ませるという誤薬事故が起きました。看護師は重大な影響はないと判断、経過観察としました。問題なさそうだったので、Nさん自身の薬を服用してもらったところ、それから2時間後にNさんは意識を喪失、病院に救急搬送されました。

　医師は、家族に「誤薬した薬の中に血糖降下剤があり、それによる重篤な低血糖が原因です。ご本人はワルファリンを服用しており、その相互作用で血糖降下作用が強くなったのです」と説明しました。Nさんは意識が戻らず2週間後に病院で亡くなり、遺族は看護師を業務上過失致死罪で刑事告訴しました。

本事例の問題点

➡多剤併用についての観点が抜けていた

　Nさんが亡くなった原因は、「薬の飲み合わせ」でした。

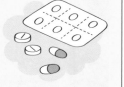

> ● Nさんが間違って飲んだ薬：
> 　血圧降下剤（フロセミド錠）40mg
> 　血糖降下剤（ピオグリタゾン塩酸塩錠）30mg
> ● Nさん自身の薬：
> 　血栓塞栓症予防薬（ワルファリンカリウム錠）5mg
> 　認知症症状進行抑制剤（ドネペジル塩酸塩錠）20mg

　Nさんが誤薬した血糖降下剤の添付文書には、「併用によって糖尿病用薬の血糖降下作用を増強する薬剤：ワルファリンカリウム」と記載がありました。

　医師が指摘したように、糖尿病のないNさんが血糖降下剤を飲めば、当然血糖値は下がります。ワルファリンカリウムを常用していたNさんは、血糖降下作用を増強されてしまい、重篤な低血糖状態を引き起こしたのです。すぐ受診していれば、誤薬した薬を調べることで低血糖状態が起こることは予測でき、十分な糖を摂取させることで済んだはずでした。

改善のポイント

➡誤薬の影響を診断できるのは医師だけ

　誤薬で生命に危険が及ぶような事態はめったに起きませんから、本事例の看護師も軽く見てしまったのかもしれません。しかし、誤薬が利用者の身体に与える影響は、以下のように実にさまざまで、予測することができません。だからこそ誤薬は全件即受診を鉄則にしましょう。

誤薬事故が身体に与える主な影響

❶ 誤薬した薬の作用によっては大きな事故につながる

　たとえば、糖尿病でない人が糖尿病薬（血圧降下剤）を飲めば、正常な血糖値が下がり、低血糖状態になります。弱い血糖降下剤を健常者が飲んでも、ふらつきが起きる程度かもしれませんが、元々血糖値が低い人が強い血糖降下剤を飲めば、意識喪失する可能性があります。

❷ 併用禁忌や併用注意の薬を服用する危険性

　本事例のように併用してはいけない薬の場合、命に関わる悪影響が出ます。処方薬には添付情報という薬効に関するすべての情報が載っていますから、この情報をすべて調べなければ相互作用はわかりません。

❸ 基礎疾患がある人が誤薬した場合の深刻な副作用

　たとえば、脳梗塞の既往症がある人が強力な利尿剤を誤薬すれば、血液がドロドロになり、脳梗塞の発作を起こすことがあります。

❹ 体重差や年齢差などで副作用の重さは異なる

　体重の重い人の薬を体重の軽い人に誤薬すると、薬が効き過ぎて影響が大きくなることがあります。

❺ 「少量から投与を開始すべき」とされる薬を別の人が誤薬した場合の深刻な副作用

　少量から処方し様子をみながら用量を増やす薬はたくさんあります。それを飲んだことがない人が、他の利用者の処方薬の誤薬でいきなり規定用量を飲むと、重い副作用が出ることがあります。

ここがポイント！ 誤薬したら全件即受診

事故発生時の対策

誤薬の影響でふらつき、転倒骨折事故

事例

　Mさんは1か月に一度のペースでショートステイを利用しています。ある日曜日の朝食後、薬を飲み終えた後に、職員はそれが認知症のGさんの薬だったことに気づきました。

　看護師はすぐにMさんのかかりつけ医に受診しようとしましたが、休診であったため、やむを得ずしばらく経過観察としました。30分ほど経過しても体調には何も変化がなかったので、Mさん自身の薬を服用してもらい、家族連絡を入れて謝罪しました。

　ところが、2時間後にMさんは転倒して、大腿骨を骨折してしまいました。

本事例の問題点

➡かかりつけ医に受診できないときの対策がなかった

　誤薬事故後に受診しようとしても、いつでもすぐに受診できるわけではありません。本事例のように、休日でかかりつけ医が休診の場合もありますし、夕食で誤薬した場合には、夜間で受診が難しい状況もあるかもしれません。受診できずにやむを得ず経過観察する場合は、「看護師が勝手に経過観察と判断した」と受け取られないようにしなければなりません。

➡誤薬の間接リスクを考えなかった

　誤薬の害は、その薬が身体に与える悪影響だけではありません。本事例のように、認知症の利用者の服薬を間違って飲んでしまうと、神経系に作用してふらつきなどが出て、転倒事故などの二次被害につながる可能性があります。

改善のポイント

➡やむを得ず経過観察の場合は、家族連絡と経過観察の了解が必須

　誤薬事故で発生するリスクは多様で、専門性の高い判断と医療処置が必要になりますから、看護師は自分で判断せずに必ず受診させ、医師にリスク判断と

医療処置を任せなければなりません。

　すぐに受診ができない場合は、必ず家族に連絡を入れて「かかりつけ医が休診で受診できない」などの理由を伝えて、経過観察の了解をもらいましょう。

　家族はかかりつけ医の別の連絡先を知っているかもしれませんし、他の医者に受診するよう指示してくれるかもしれません。

　本事例のように、間違って服用した薬が直接身体に与える影響は専門性が高いので医師の判断になりますが、施設としても二次的に起こるリスクは想定しておく必要があります。

　高齢者施設の利用者が多く服用している薬として、血圧降下剤や血糖降下剤、向精神薬・抗認知症薬などがあります。どの薬も、誤薬で転倒につながるリスクが大きいので、受診するまでの間は経過観察を切り上げずに、必ずベッドで安静にしていただきましょう。

プラスワン　　誤薬で発生するリスクの比較

　誤薬には、服薬が自立している利用者による飲み間違い誤薬（自分の薬の飲み忘れ、量の間違いなど）と介護者による利用者の取り違え誤薬（他人の薬を間違って服用）の2種類があります。

　さらに、誤薬で発生するリスクには、直接リスクと間接リスクがあります。直接リスクとは、誤って飲んだ薬によって起こる体調の変調であり、間接リスクは、誤って飲んだ薬による体調変調で二次的に起こる転倒・転落、誤嚥などです。

　これらのリスクを比較すると以下のようになります。

	直接リスク	間接リスク
飲み間違い誤薬	極めて小さい	大きい
利用者の取り違え誤薬	**極めて大きい**	大きい

ここが
ポイント！

即受診できない場合は、受診するまでベッドにて安静にしてもらう

医師の指示で経過観察とした のに、容態が急変

事例

　デイサービスで、利用者Yさんの薬を昼食の膳に看護師が配置しようとして、同じ姓の他の利用者の薬を与薬してしまう事故が起こりました。看護師はすぐにYさんのかかりつけ医に電話で指示を仰ぎましたが、「しばらく様子をみてください」と言われたため、経過観察としました。

　Yさんは2時間後に意識混濁で救急搬送され、入院することになってしまいました。デイサービスは家族から、誤薬と、病院受診をさせなかったことで責められました。かかりつけ医の指示どおりに対応したことを説明しましたが、「事故を公にしたくないために、医師には大したことではないように説明したのではないか」と疑われてしまいました。

本事例の問題点

➡すぐに受診しなかった

　入居施設であれば、あらかじめ担当医と話し合って「誤薬事故が起きたときは即受診」というルールを守ることができます。しかし、ショートステイやデイサービスなど、在宅サービスでの誤薬事故は、個々の利用者のかかりつけ医に連絡することになります。本事例では、医師から「経過観察してください」と言われたことに対して、その根拠も考えないで従ったことが問題でした。

　本事例のように、かかりつけ医の指示で経過観察を行っているときに利用者の容態が急変して重大な事故につながっても、医師は実際に診察をしていないので、誤診ではありません。「あなたが経過観察するように指示したではないか」と抗議しても、「聞かれたから一般論を述べただけで医療処置の指示ではない」と言われてしまえばそれまでで、やはり施設の責任になる可能性が高いでしょう。

改善のポイント

➡ 医師には受診希望と明言する

前述のとおり、医師の指示で経過観察としたときに容態が急変して重大事故につながっても、医師は責任を取ってくれそうもありません。家族トラブルに発展するのを防ぐためには、やはり受診しておくことが大切です。

そのために、誤薬事故が起きてかかりつけ医に連絡するときには、必ず「念のために受診させてください」と一言付け加えましょう。それでも、医師から「受診の必要はないから、経過を観察してください」と言われたら、次の2つのことを確認しましょう。

> ❶ どのような服薬の影響に注意して観察すればよいか
> ❷ どのような容態変化があったら受診するべきか

➡ 家族と対応を相談する

受診ができなかった場合は、家族にも報告の電話を入れておくと、いざというときのトラブル防止に役立ちます。家族には誤薬事故の謝罪をした後に、次のように説明します。

「誤薬の影響を考えてかかりつけの○○先生に受診したいと連絡しましたが、先生からは大丈夫だからしばらく様子をみるように、と指示を受けました。いかがなさいますか？　ご家族がご不安であれば、もう一度先生に頼んでみましょうか」

家族が「○○先生がそう言うのであれば大丈夫でしょう」と言えば、家族も経過観察の対応を了解したことになります。これですべてのトラブルを避けられるわけではありませんが、家族の要望を事前に聞いておくことは大切です。

確認　相談

医師に　家族に

2つの保険

 ここがポイント! **医師には受診したいと明確に伝え、家族には具体的に相談する**

溺水事故に対する基本的な考え方

溺水事故の特徴

　一般的に溺水事故といえば、海やプールを思い浮かべますが、介護施設でも起こります。具体的には、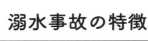お風呂で溺れる事故です。入浴介助中に浴槽で溺れたり、リフト浴のチェアから浴槽に落ちて溺れる事故などがあります。不可抗力による溺水事故はほとんどないため、施設が責任を問われるでしょう。

　溺水事故に特有の注意点としては、顔がお湯に浸かり溺れそうになったというヒヤリハットでも予断を許さない点があげられます。溺れていなくても、少しでも水が肺に入り込むと、その後しばらくして肺水腫や肺炎を起こし、場合によっては亡くなることもあるのです。

　家族は「浴槽で溺れた」と聞けば施設の重大な過失だと考えますから、管理者は丁寧な謝罪と対応が必要となります。

　溺水事故の力配分表は防止対策を徹底することに力点を置いて、以下のようになります。

● 溺水事故の対策の力配分表

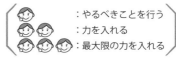

溺水事故対策の力配分表	事故防止対策	😊😊😊
	事故発生時対応	😊
	事故後の家族対応	😊

😊 ：やるべきことを行う
😊😊 ：力を入れる
😊😊😊 ：最大限の力を入れる

≋ 事故防止対策のポイント ≋

　入浴介助は、介護施設においてリスクが高いケアの一つです。溺水事故の防止対策はシンプルで、入浴中の利用者から目を離さないことです。「溺れると、たとえ短時間であっても生命の危険に直結する」と考えれば、「つい見守りを外してしまった」という事態は避けられるはずです。綿密に入浴介助手順を作成して、安全確認ルールを厳しく徹底する必要があります。

また、今でも施設で見られる大浴場は、利用者の身体が浮いてしまって危険です。溺水事故の防止という観点では、家庭用の狭い浴槽の方が足を対面側の壁につけて踏ん張ることができるので、安全性が高くなります。

家庭用浴槽の例。縁と同じ高さの入浴台を設置すればひとりで浴槽に入ることも可能
（写真提供：リハビリデザイン研究所）

事故発生時の対応のポイント

「気づいたら浴槽で溺れていた」では手遅れになりかねません。溺水事故が起こってしまった場合に備えて、迅速な救命対応（救急搬送）をマニュアル化しておき、それを守ることが大切です。

また、溺水を発見したら、適切に呼吸を確保する必要があります。研修を開いて、「頭を下から支えながら顔を水面から上げて呼吸を確保し、職員2人で浴槽から引き出す」などの、押さえておきたい具体的な救命動作を職員に周知しましょう。

事故後の家族対応のポイント

「入浴介助中に、介護職員のミスで利用者が溺れてしまった」という事実に、家族は大変なショックを受け、大きな憤りを感じるでしょう。さまざまな介護事故のなかでも、溺水は施設側の過失が大きく、家族にとっては非常に許しがたい事故の一つです。

たとえ、軽い事故やヒヤリハットで食い止められたとしても、溺水は一歩間違えると命に関わる重大事故だと認識して、丁寧に対応しましょう。管理者は何度も謝罪して、再発防止策を丁寧に説明しなければなりません。

私が以前相談を受けたなかでは、溺れかけた時点で救出できたため、「防ぐことができた！」という安心感から、真剣味に欠けた家族対応をしてしまった施設がありました。家族は激怒し、「風呂で殺されそうになった。殺人未遂だ」との苦情申立に発展してしまいました。

浴室を離れた
わずかな時間に溺水

事 例

　軽い片マヒがあるものの、日常動作は自立しているSさん（男性）の入浴介助中のことです。Sさん用のひげ剃りを忘れた職員が、一人でゆったりと浴槽につかっているSさんに、「ひげ剃りを取ってきます」と声をかけ、急いで脱衣所の備品収納棚に行きました。しかし、職員が戻ってみるとSさんが浴槽で溺れていました。職員はすぐにSさんを抱え上げて、病院へ救急搬送、大事には至りませんでした。

　事故カンファレンスで、事故原因は「見守りを怠ったこと」、再発防止策は「入浴介助中は絶対に目を離さないことを徹底」となりました。

本事例の問題点

➡入浴中に利用者のそばを離れてしまった

　利用者のそばを離れている間に事故が発生すると、原因は「見守りを怠った」、その再発防止策は「介助中は絶対にそばを離れない」という結論になりがちです。しかし、職員がなぜ利用者のそばを離れたのか、業務の仕組みに問題はなかったのかを検証しないと、再び同じような事故が起こってしまうでしょう。

➡備品をチェックするルールが決まっていなかった

　介助中に利用者のそばを離れる理由で最も多いのは「足りないものがあったため、取りに行った」です。

　入浴介助中に職員が利用者のそばを離れると、利用者を見守る目がなくなります。たとえわずかな時間でも、この間に溺水事故が起これば、助ける職員が誰もいないのです。死亡事故につながる可能性も大きくなるでしょう。

　入浴介助で使用する備品は決まっているのですから、「事前に備品をチェックする」というルールがないことが本事例の問題です。

改善のポイント

➡備品確認のルールを徹底する

　備品を忘れるというのは一見、職員のミスのように考えられがちですが、実は業務手順や忙しさなど、ほかにも要因が考えられます。人が引き起こすミスには、ミスを誘発する要因がほかに潜んでいますから、それを検証して改善する視点をもつことが重要な再発防止策になります。

　本事例の場合は、入浴介助に必要な物品を忘れないように、脱衣室の壁に大きく貼り出すとよいでしょう。入浴介助に入る前に、それを見て「ひげ剃りを忘れていた！」と気づけるようにするのです。実際の入浴介助が始まる前に忘れていたことに気づければ、溺水事故のリスクは大幅に低減します。

　確認行為を徹底するという方法も大事ですが、自然に目に入るような"見える工夫"も効果的です。

●入浴介助前に確認すること（例）

【入浴開始前に必ず確認するもの】
- ●ボディソープまたは石鹸の中身
- ●シャンプー、コンディショナーの中身

【入浴介助の主な備品】
- ●バスタオル
- ●ボディタオルやスポンジ
- ●着替え（必要に応じて新しいオムツやパッド）
- ●ひげ剃り
- ●保湿剤やボディクリーム、薬など

 ここがポイント！ **目に見える場所に必要なものを貼り出すことで忘れものを防ぐ**

事故防止対策

■ 事故防止対策

安全ベルトを装着せず、リフトを降ろして溺水事故

事 例 ••••••••••••••••••••••••••••••

　安全ベルトを装着せずにリフト浴の椅子を浴槽内に下ろしたために、利用者が浮力でバランスを崩して溺れる事故が起きました。利用者は浴槽のお湯を大量に飲み、嘔吐も激しかったので救急搬送しましたが、幸い無事でした。

　施設長は「安全ベルトの着用を徹底する」と職員を指導しましたが、職員からは「ベルトの材質が硬いため強く締めると皮膚に擦過傷ができ、利用者が嫌がるのでベルトの着用は無理だ」と反論の声が上がり、施設長は困ってしまいました。

本事例の問題点

➡使いにくい製品を改善せずに使っていた

　リフト浴や機械浴などは安全性が重要です。製品に備わっている安全装置（ここではベルト）が使いにくく、機能を果たしていないのであれば、それを改善する必要があります。

　しかし、実際の介護現場では多忙のためか、「使いにくい」と思っても特に改善することなく、そのまま我慢して使っていることが多いようです。

➡安全装置が機能しない機器は欠陥製品

　メーカーに連絡すると「取扱説明書のとおりに使用していなければ安全は保証できない」と言われてしまうことがほとんどです。施設はまず、安全に使うためにはどうすればよいかをメーカーに問い合わせる必要があります。

　そのうえで、改善できなかった場合は、「製品の安全性に欠陥があるので改善」を要求したり、消費者センターに苦情を申し立てることを検討します。そうした改善努力をせずに、安全ベルトを使わないで使用していたことが本事例の最大の問題です。

改善のポイント

➡製品の安全性に疑問をもつ

　使いにくい製品はそのまま我慢して使い続けないことです。管理者は製品の欠陥が原因で事故が起きた場合の賠償責任の知識はもったほうがよいでしょう。

❶ 取扱説明書どおりの使い方で事故が起きた場合

　取扱説明書どおりに使用していたのに、製品の欠陥によって事故が起きた場合は、まずは施設が賠償責任を負わなくてはなりません。なぜなら、施設は安全な製品を使用して安全に業務を行う義務を負っているからです。

　しかし、欠陥製品を製造したメーカーに責任を問うことができるので、施設は利用者に賠償金を支払った後に、賠償金相当額をメーカーに請求します。

❷ 取扱説明書の使用方法と異なる使い方で事故が起きた場合

　取扱説明書と異なった方法で使用して事故が起きた場合は、その理由によって施設の責任が変わってきます。職員の故意やミスで異なった方法で使用した場合は施設の責任になりますが、異なった方法で使わざるを得ない場合（本事例のケースが該当）は、欠陥製品としてメーカーに賠償請求することができます。❶と同様に、施設は利用者に賠償金を支払った後に、賠償金相当額をメーカーに請求します。

賠償金請求の流れ

メーカー

損害賠償請求

（製造物責任法）

施　設

損害賠償金支払い

（契約上の債務不履行）

被害者（利用者）

危険だと感じる介助用品は必要に応じてメーカーに改善要求を行う

事故発生時の対策

浴槽で溺れかけ、
安静中に急変、死亡事故に

事例

　Nさんは要介護2で、比較的自立度の高いショートステイの利用者です。ある日、職員が目を離した隙に浴槽内でめまいを起こし、溺れそうになってひどくむせました。職員がすぐに助けましたが、本人が「大丈夫」と言うので居室で安静にしました。ところが、数時間軽い咳が続いたのち、突然意識混濁を起こし救急搬送され、肺水腫で亡くなってしまいました。

　救急から連絡を受けた警察が事情聴取をして、事件性なしと判断されました。ところが、事故後に家族連絡もせず、受診もしなかったことから、「事故を隠蔽しようとして救命処置が遅れた」として、家族は施設を相手どって刑事告訴しました。

本事例の問題点

➡ **「溺れそうになった」をヒヤリハットととらえてしまった**

　一般的に、頭部が水中に沈めば「溺れた」と認識しますが、顔が水に浸かりむせたという状態では「溺れそうになったが、助かった」と認識し、溺水事故のヒヤリハットと受け止めてしまうことがあります。しかし、浴槽の湯は雑菌が多いため、稀ではありますが、肺に侵入すると本事例のように、肺水腫で命を落とすことがあります。本人が元気である場合は救急搬送の必要はありませんが、病院に連れて行かなかったことが本事例の最大の問題点です。

➡ **家族に連絡を入れなかった**

　溺れそうになっただけで事故ではない、ヒヤリハットだという認識で家族に連絡を入れなければ、本事例のように家族に重大な疑念を抱かせることになります。「浴槽で溺れたが何の健康被害も起こらなければ、そのまま事故が起きなかったことにしようした」と受け取られるでしょう。家族にきちんと連絡をしなかったことも問題です。

改善のポイント

➡溺水事故発生時の対応をルール化する

浴槽で溺れて湯を飲んだという状況は明らかな事故であり、ヒヤリハットではありません。溺水事故はすぐに症状が出なくても、本事例のように後になってから肺水腫や肺炎を起こす可能性があります。そのため、溺水は軽い場合でも「重大事故が発生した」と認識し、受診すること、家族連絡を入れることを施設のルールとして取り決めます。

また、夜間ですぐに受診ができない、非常に元気そうに見えるなどの理由で経過観察にする場合には、必ず家族の了解を得ることが原則です。これらを施設のルールとして取り決め、「溺水したがすぐに回復したので、家族連絡せず受診もしない」などの事態が起こらないようにします。

溺水死亡事故が起こった際の施設の事故対応

❶ 警察が事件として捜査することがあるので、事実関係や記録を整理して協力する。

❷ 職員が業務上過失致死の疑いで逮捕されることもあるので、法人の弁護士などが警察対応を行う。

❸ 国家資格者は業務過失致死傷罪に問われる可能性が高いので、日ごろから資格相応の注意義務を認識する。

❹ 警察が事件性なしと判断しても、遺族は処罰を求めて刑事告発することがあるので、家族対応に万全を期す。

《業務上過失致死傷罪とは？》

刑法第211条には、「業務上必要な注意を怠り、よって人を死傷させた者は、5年以下の懲役若しくは禁錮又は100万円以下の罰金に処する。重大な過失により人を死傷させた者も、同様とする」とあり、通常人の犯す過失致死傷罪より罪が重い。"業務上"とは、仕事中という意味ではなく「資格や社会的地位によって特別重い注意義務を課せられた者の行為」という意味である。

ここがポイント！

溺水事故は軽度でも必ず受診して、家族にも連絡する

浴槽から引き上げられず、何度も溺水

事例

　Mさん（78歳・要介護2）は、週に2回デイサービスを利用しています。腰痛や円背などで歩行は大変ですが、認知症はなく、日常生活動作はほぼ自立しています。

　ある日、いつもの家庭用浴槽にゆっくり浸かっていましたが、「もう時間ですよ」とスタッフに声をかけられ、立ち上がろうとしたときにふらついて、頭まで浴槽のお湯に浸かってしまいました。

　そばにいた職員が慌ててMさんを浴槽から抱え上げようとしましたが、手が滑ってMさんは再び浴槽に落ちてしまいました。パニックになった職員がもう一度引き上げようとしましたが、再び落としてしまいました。Mさんは肺に大量の水が入り、呼吸停止となり救急搬送されました。

本事例の問題点

➡1人で無理に引き上げようとして何度も溺水させてしまった

　小さな家庭用浴槽であっても、溺水事故は起こり得ます。本事例のように転倒するなどしてお湯に顔が浸かるとパニックに陥ることがあり、その際にお湯を飲むと溺れてしまうのです。

　職員は目の前で利用者が頭までお湯に浸かってしまったら、慌てて利用者の身体を無理に浴槽から引き出そうとしがちです。しかし、利用者は裸で、しかも身体が濡れていますから、体重の軽い人でもそう簡単には引っ張り上げることはできません。体重の重い人ならなおさらです。こうして無理をすると手が滑り、再びお湯の中に利用者を落としてしまいます。

　本事例の問題点はこれを何度も繰り返してしまい、最初は大したことのない事故だったのに大きな事故に発展させてしまったことです。

改善のポイント

➡頭を浮かせ呼吸を確保し助けを呼ぶ

本事例のような状況のときは、頭をお湯から上げて浮かせた状態にして、呼吸を確保してそのまま助けを呼ぶというのが適切な対応です。しかし、相手は苦しさや恐怖でパニックを起こしているので、この対応は、口で言うほどやさしくありません。

浴槽の外から身体を押さえて頭を水面上に保持するのは難しいので、利用者の頭を両手でしっかり支えて浴槽の縁に置き、助けを呼びます。

呼吸の確保が最優先です。身体を浴槽から引き上げるのは、助けを呼んだ後です。無理に浴槽から引き上げて、そのまま床に頭から真っ逆さまに転落させたら、それこそ生命に関わる事故につながります。

このような溺水に適切に対応できるよう、施設内で溺水対応のマニュアルをつくり、定期的に実習をしておく必要があります。

> ### プラスワン 助けを呼べない場合
>
> どうしても他の職員の助けを借りることができない場合や1人で介助しているときは、慌てることなく利用者の「頭を起こす」ことを最優先でやってください。
>
> 前のめりに水中に没したのであれば頭を後ろへ、仰向けに没したのであれば頭を前に押して、身体を起こしてください。
>
> 頭を起こして呼吸を確保したら、風呂の栓を抜きます。湯が入っていたほうが浮力があるので、利用者の身体を浴槽から出しやすいのですが、引き上げようとして再度滑って溺れることがあるので、湯は抜いたほうが安全です。湯の水位が下がり、溺れる心配がなくなったところで救急車を呼びます。

ここがポイント！

まずは呼吸の確保を最優先に考え、助けを求めて冷静に対応する

入浴を怖がる利用者の言葉に
不信感を募らせる家族

事例

　特養ホームに入居しているKさんは、認知症のない左片マヒの利用者です。持病の関節リウマチが悪化してきて入浴に痛みを伴うため、座ったままで入浴できるリフト浴を使うことになりました。

　当日、浴槽の中でKさんの身体が浮いて、バランスが崩れました。職員は急いでリフトを止めたので事故にはなりませんでしたが、Kさんが泣きながら「怖い！」と訴えたので入浴を中止しました。Kさんはしばらく震えが止まりませんでした。職員はヒヤリハット報告書を記入し、主任に提出しました。

　Kさんから「風呂で溺れそうになって死ぬほど怖かった」と聞いた娘さんは、「こんな危ない思いをさせたのに、なぜ謝罪がないのか？」と施設長に迫りました。

本事例の問題点

➡通常のヒヤリハットとして処理した

　転倒や転落が寸前で回避できて、利用者にケガなどがなければ、通常はヒヤリハットに分類されます。その場合、多くの施設では、本事例のようにヒヤリハット報告書を提出するでしょう。

　しかし、本事例の場合、溺水事故は回避されたものの、「利用者に強い恐怖感と精神的なショックを与えた」という意味では、事故と解釈することもできます。このような場合は他のヒヤリハットと区別して、すぐに口頭で上司に報告して家族に謝罪をしなければなりません。

　利用者の精神的な苦痛を軽く見て、通常のヒヤリハットとして対応したことが、本事例の問題点です。

改善のポイント

➡家族報告が必要なヒヤリハットをルール化する

リフト浴の溺水や誤嚥の他に、家族への報告が必要になるヒヤリハットがあります。

次の3種類のヒヤリハットについては、ただちに相談員に報告を上げて、家族報告を行うことをルールにしましょう。これらのヒヤリハットでは、実際には損害が発生しなくても利用者や家族が精神的に傷つきやすく、施設管理者の指導教育の責任が問題になります。家族の精神状態によっては、管理者の謝罪が必要になるケースもあります。

家族への報告が必要なヒヤリハット例

● 強い恐怖心を与え、利用者がその後の介護を拒否するようになった
（例）お風呂で溺れそうになった
　　　食事で窒息しそうになった
　　　階段から落ちそうになった
　　　車いすから落ちそうになった
　　　etc…

● 一歩間違えば大事故になり、生命の危険に直結する
（例）歩行に障害がある利用者を手引き歩行で濡れた床を歩かせた
　　　異食癖がある利用者の前に危険な物品を放置した
　　　etc…

● 介護職員のルール違反や著しく不適切な対応が原因
（例）杖歩行の利用者の後ろから声をかけて利用者が転倒したが、特にケガもないのでそのままにした
　　　etc…

ここがポイント！

恐怖心を与えその後、利用者が介護を拒否するようになった場合は、速やかに家族に報告と謝罪を行う

基本

行方不明事故に対する基本的な考え方

▶ 行方不明事故の特徴

　行方不明事故とは、主に認知症のある利用者が職員が気づかないうちに施設から外に出て、事故に遭遇してしまうことです。ある調査によれば、介護施設の約半数で経験があるという、比較的身近な事故といえます。

　セキュリティ機器によって行方不明を防ごうとする施設も多いのですが、それをすり抜けることもあるので、完全に防ぐことは難しいといえるでしょう。

　利用者が行方不明になってしまった場合は、迅速かつ万全の捜索を行って、事故に遭遇する前に保護することを目指します。そうした対応が早期発見や家族の理解を得ることにつながります。そのため、行方不明事故は発生時の対応に最大の力点をおく必要があります。力配分表は次のようになります。

● 行方不明事故の対策の力配分表

行方不明事故対策の力配分表	事故防止対策	😊
	事故発生時対応	😊😊😊
	事故後の家族対応	😊

😊：やるべきことを行う
😊😊：力を入れる
😊😊😊：最大限の力を入れる

◈ 事故防止対策のポイント ◈

　行方不明を防ぐセキュリティには2種類あります。施設建物から出ないようにセンサーを設置するセキュリティと、利用者にGPSを持ってもらうセキュリティです。

　セキュリティにはある一定の効果が期待できますが、建物のセキュリティは抜け道ができてしまったり、外出中の行方不明を防ぐことはできません。GPSも機器を携帯していなければ役に立ちませんから、完全に行方不明を防ぐには限界があります。

　もう一つの代表的な防止対策が、見守りの強化です。「以前にも施設から出ようとしたことがある」などのリスクの高い利用者を特定し、施設を出ていこ

うとする時間に見守りを強化するなどの対策も効果があります。

≫ 事故発生時の対応のポイント ≪

利用者が行方不明になった際の対応ポイントは2つあります。

❶ 職員だけで長く探さない

フロアを15分程度探して見つからなければ、家族に連絡し警察に届けます。

❷ 地域に協力を仰ぐ

たとえば、タクシー会社やバス会社にFAXで捜索チラシを送って協力を求めると、ドライバーに配布してもらうことができます。道を歩いている利用者が目に留まれば声をかけてくれるので、地域のドライバーが見つけてくれた行方不明者はたくさんいます。

また、地域の介護事業所に勤務している従業員にチラシを配布してもらえれば、通勤や外回りの途中で見つけてくれることも期待できます。

≫ 事故後の家族対応のポイント ≪

利用者が行方不明になると、家族は最悪の場合も想定しながら、心配して待つことになります。施設は少なくとも3時間おきには家族に連絡し、捜索の経過を伝えましょう。

行方不明になる利用者の家族の多くは、日ごろから利用者が外に出て行ってしまうことを知っていますし、行方不明事故を完璧に防ぐことが難しいことも理解してくれています。施設が誠意をもって熱心に捜索活動をしていれば、訴訟になるどころか、感謝されることも少なくありません。

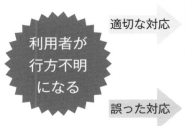

	適切な対応	●効率的な捜索 ●きめ細かい家族への捜索報告	●早期発見 ●不幸にも結果が悪くても、家族が納得してくれる
利用者が行方不明になる	誤った対応	●非効率的で無駄の多い捜索 ●家族に経過が伝わらず家族が不安を募らせる	●発見が遅れる ●家族にも施設職員にも後悔が残る ●無事に保護されても家族に不信感が残る

夜中に行方不明になり、翌朝すぐ近くで遺体で発見

事例

　Sさん（68歳・男性）は認知症はありますが、身体機能には大きな問題はありません。この日、老健のショートステイを初めて利用することになりました。この施設はエレベーターにも暗証番号がついており、セキュリティがしっかりしています。

　利用初日の深夜1時に夜勤職員が定期巡回をすると、居室にSさんの姿が見えません。夜勤職員は外に出るはずはないと考え、他の職員と協力して朝まで施設内を探しましたが発見できませんでした。翌朝、職員総動員で周辺を捜索したところ、近くの畑で凍死しているSさんを発見しました。死亡推定時刻は午前2時半でした。

本事例の問題点

➡セキュリティを過信してしまった

　最近の介護施設は、認知症がある利用者の行方不明対策のセキュリティが高度になっています。しかし、セキュリティが強固な施設ほど、行方不明が発生した際に初動対応が遅れ、重大な結果を招いてしまうことがあります。

　本事例の一番の問題点は、「セキュリティがしっかりしている施設なので、認知症のある利用者の行方不明は発生しない」と思い込んだことです。そのため、深夜の1時に行方不明に気づいたのに、外を探すことはしませんでした。実際には夜中の2時半に施設のすぐ近くで凍死していたわけですから、行方不明がわかった時点で周辺を探していたら助かった可能性が高いでしょう。

　後でわかったことですが、この施設では、セキュリティが厳しすぎて「職員の通用口の開閉が面倒」という理由で、通用口のセキュリティを切っていたのです。Sさんは、おそらくその通用口から出て行ったのでしょう。

改善のポイント

➡ 捜索マニュアルをつくる

　認知症のある利用者が行方不明になってしまうことを 100% 防ぐことは難しいでしょう。しかし、わかった時点ですぐに手配して、事故に遭遇する前に保護すれば、利用者の生命を守ることはできます。行方不明者が出た際に効率的に捜索活動を行い、一刻も早く保護できるように、「行方不明者が出た際の捜索マニュアル」を作成しておき、日ごろから準備をしておくことが大切です。

行方不明に伴う基本的な捜索マニュアル（例）

（1）初動対応

❶フロア内を15分探して見つからなければ、周辺を10分捜索する。

❷家族の了解を得て警察に捜索願を提出する。

❸日中で職員の人数が確保できる場合は、フロア内を探す人と施設周辺を探す人の二手に分かれて捜索する。

（2）地域の交通機関などに手配

❶JR、私鉄などの駅に電話して協力を依頼する。

❷バス会社とタクシー会社に電話で協力依頼する。

❸捜索チラシを作成して、上記の協力業者にFAXで送る。

（3）地域の協力を仰ぐ

❶役所に電話して協力を依頼する。

❷職員で手分けをして施設の周辺地域の事業所（学校、金融機関、店舗、デリバリーサービスなど）にチラシを配布して捜索協力を依頼する。

ここが
ポイント！

捜索マニュアルを作成し、迅速に対応できるよう備えておく

小雨でも外出行事を強行し
行方不明に

事例

　デイサービスで花見を計画しました。事前に花見をするお寺の下見もして、準備は万全でした。

　当日はあいにくの小雨模様でしたが、利用者も楽しみにしていた行事なので、職員3人、利用者5人（全員に認知症あり、車いす1人）で出かけました。

　ところが、参拝者で混雑している境内で利用者が1人いなくなってしまいました。職員はすぐ施設に連絡を入れ、職員総動員で探しましたが、見つかりません。結局、翌日に市内で発見され、幸いけがはありませんでした。

　事故検討会議では、「職員配置に問題があった」という意見が大半を占め、再発防止対策は「同行する職員の数を増やす」としました。

本事例の問題点

➡根本の問題は「小雨のなか、人混みに出かけたこと」

　職員は自分たちの見守りで事故を防げると思っているので、事故が起きると「職員数が足りなかった」などの結論に落ち着きがちです。しかし、本事例の問題点は、「小雨のなか、わざわざ人が混んでいるお寺に行ったこと」です。小雨であっても傘をさすので、利用者の顔や動きが確認しにくくなります。そのうえ人混みでは、行方不明者を探すのが難しくなります。たとえ利用者が楽しみにしていても、危険を伴う外出行事は中止すべきでした。

➡職員総動員の捜索活動

　本事例では、職員総出で捜索をしています。これでは施設の人員が手薄になりますし、効率のよい捜索方法ではありません。

　利用者を見失った職員はすぐにお寺の事務所に行って、「迷い人の呼び出し」をしてもらうべきでした。

改善のポイント

➡外出行事の本当の目的をかなえられればOK

台風が直撃するようなときに外出行事を決行する施設はないでしょうが、「小雨が降っているが、何とか出かけられそう」というような微妙な天候では、中止の判断はしにくいものです。

天候などの条件が悪い場合は、外出先の変更で対応しましょう。あらかじめ、悪天候時には水族館やファミレスなど、天候に左右されない場所にすると決めておくと安心です。利用者は名所・旧跡に行きたいのではなく、「みんなで出かける」という非日常性を楽しみたいことがほとんどなのですから。

➡外出先での行方不明は「迷い人の呼び出し」が最優先

外出先で認知症のある利用者が行方不明になったときは、「行方不明の発生と同時に他人の手を借りて捜索を行う」が鉄則です。境内にいたたくさんの参拝者の手を借りるのです。また、あらかじめ「肩に緑のリボンを付けておく」などの工夫も捜索の際の目印になります。

プラスワン 「シェイク」という外出行事

あるデイサービスで、水族館に行こうとしましたが、事故渋滞に巻き込まれてたどり着けず、途中で帰ることにしました。

気を利かせた相談員が、ハンバーガーショップのドライブスルーでシェイクを買ったところ、みんなストローで吸い上げることに夢中になり、デイに到着しても車から降りないでシェイクと格闘していたそうです。

それ以来、「シェイク」という外出行事ができました。

 ここがポイント！

天候などの条件を踏まえて、外出先は柔軟に変更する

行方不明から1か月後に近所で遺体で発見

事例

　特養ホームに入居している認知症のあるFさんが行方不明になりました。施設は警察に捜索願いを出し、非番の職員も呼び出して捜索しましたが、発見できません。翌日には、他の施設の職員も応援に駆けつけて、総勢10人態勢で市内を分担して捜索に当たりましたが、発見できず、鉄道や自動車事故などの連絡も入りません。

　1か月後、施設から200m離れた橋のたもとの茂みで、Fさんは遺体で発見されました。警察の捜査で、Fさんは橋の上から川岸に転落し、足を折って動けなくなり亡くなったことがわかりました。死因は餓死でした。

本事例の問題点

➡行方不明の最悪のケースは遺体が見つからないこと

　本事例は、認知症のある利用者の行方不明事故で考えられる最悪のケースです。行方不明の場合は死亡しても遺体が発見されるとは限りません。実際に遺体が発見されないままというケースも多々あり、本人にとっても家族にとっても、これほどつらいことはありません。

➡探し方が甘かった

　本事例はかなりの時間をかけてようやく遺体を発見できましたが、死因が「餓死」というのは、もっと早く発見できれば助かったかもしれないという点で、残された家族の無念はさぞかし大きなものでしょう。

　結果的にこうした最悪のケースになってしまった以上、探し方が甘かったといわれても仕方がありません。

改善のポイント

➡念入りに人目につかない場所を探す

　行方不明者が長期間見つからないときは、人目につかない場所にいる可能性が非常に高いでしょう。行方不明の捜索マニュアルには「2日経過しても発見できない場合には、施設周辺の人目につかない場所をもう一度念入りに捜索する」という項目を入れておくとよいでしょう。

施設周辺の人目につかない場所

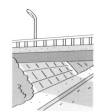

橋の下

大きな側溝

資材置き場

お寺や墓地

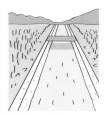

用水路

深い植え込み

プラスワン　　家族のつらい気持ちに寄り添う

　施設は、つい探すことに必死になってしまいますが、どんなに捜索が忙しくても、家族に対する細やかな報告・連絡を怠ってはいけません。最悪のケースになってしまった場合、家族が「施設のみんなもあれだけ手を尽くして探してくれたのだから仕方ない」と思うか、「施設は何にもしてくれなかった、無責任だ」と思うかは、施設がどれだけ一生懸命探したかだけでなく、どれだけ言葉を尽くして家族に説明し、つらい気持ちに寄り添ったかにかかっています。

ここがポイント！

2日経過したら、施設周辺の人目につかない場所を念入りに探す

事故後の家族対応

無事に発見されたが、家族が慰謝料を請求

事例

　中等度の認知症があるMさん（女性）は、デイサービスを利用しています。

　ある日の朝、送迎車到着の直後に出欠確認を行うと、Mさんの姿が見当たりません。送迎車の車内を探してもいないようです。「デイに着くまでMさんと話していた」と言う利用者がいたので、送迎車を降りた直後にいなくなったと推測されました。すぐに夫に連絡のうえ、警察に捜索願いを出し、ケアマネジャーや包括支援センターなどにも捜索協力を求めました。2日後、Mさんは隣の市で無事に保護され、幸い軽い脱水症状のみでケガはしていませんでした。

　発見の翌日、所長がMさん宅を訪問して夫に「一時はどうなることかと思いましたが、ケガ一つなく戻られて本当によかったですね」と言ったところ、夫は「ケガがなければいいと思っているのか？」と怒り、翌週に100万円の慰謝料を請求する手紙が届きました。

本事例の問題点

➡デイの過失が前提であることを理解していなかった

　デイサービスで行方不明が発生したとき、防ぐことが難しい事故でも過失認定された判例があります。本事例も、Mさんが送迎車から降りたことを確認して、デイルームまで誘導しなかったことが行方不明の原因とみなされ、過失と認定される可能性が高いでしょう。にもかかわらず、所長の謝罪の気持ちが前面に出ていないことが問題でした。

➡調査報告書を作成していなかった

　調査報告書を作成せずに訪問したことは問題です。調査報告書の作成が間に合わないのであれば、謝罪の言葉とともに報告書を提出する期日を伝えるべきでした。

改善のポイント

➡まずは心からの謝罪を

　行方不明事故は、飲まず食わずで歩き続けた本人の身体的な負担もさることながら、待ち続ける家族の精神的苦痛も相当なものです。施設は「行方不明事故を起こした過失がある」ことを常に念頭において、心からの謝罪に終始しなければなりません。また、ケガなどの具体的な被害がなくても、慰謝料請求が認められる場合もあるので、謝罪の仕方にも注意が必要です。

➡事故報告書とともに、本人と家族のつらさを受け止める

　後日、施設長が自宅に伺って行方不明になった原因や気がついたときの状況、捜索の経緯などを詳細に記録した事故報告書を家族に渡します。場合によっては理事長や経営者も同行するといいでしょう。

　事故報告書には「目を放していて、気がつくまでに○分間かかった」など、施設にとって都合が悪い情報も包み隠さず記入することで、誠意を伝えます。また、謝罪をする際には本人と家族に与えた心労に配慮した言葉も加えるとよいでしょう。

プラスワン　とある施設の調査報告書の文章（例）

○○　○○様

デイサービス○○苑

○○　△様の行方不明事故に関する調査報告書

謹啓

　平素は格別のご高配を賜り厚く御礼申し上げます。

　○月○日に発生しました○○　△様の行方不明事故に関しましては、ご家族に対して大変なご心配と心痛ともたらしましたことにつき、深くお詫び申し上げます。入居者様の安全な生活を願い生活支援をさせていただいている私ども施設職員にとりましても、大変悲しい事故であり職員一同心を痛めております。

　弊社では重大事故が発生した時には、迅速に事故状況や施設の責任（過失）などについて必要な調査を行い、ご家族に報告させていただくこととしております。事故状況や事故原因などにつき調査報告書を作成いたしましたので下記の通り報告させていただきます。

謹白

ここがポイント！

**謝罪とともに本人や家族の
つらさを受け止める対応を**

暴力事故に対する基本的な考え方

暴力事故の特徴

　利用者が他の利用者や職員に対して暴力を振るって、ケガをさせることを暴力事故と呼びます。介護施設で起こる暴力事故の多くは、認知症と関連しています。認知症のある利用者は、焦燥感や不安感が暴力という行為で表出されることがあるためです。

　利用者同士が加害者と被害者になった場合、「高齢者同士のケンカだから重大事故にはならないだろう」と考えがちですが、実際には死亡事故も起きています。すぐに止めなければいけません。

　また、事故後は加害者の家族と被害者の家族の間に賠償問題が起こることもあるので、トラブルに発展しないよう家族の対応は適切かつ丁寧に行うことが大切です。対応の難しさで考えると、家族トラブルを避けるための適切な対応に力点をおく必要があります。

● 暴力事故の対策の力配分表

暴力事故対策の力配分表	事故防止対策	
	事故発生時対応	
	事故後の家族対応	

：やるべきことを行う
：力を入れる
：最大限の力を入れる

≪ 暴力事故防止対策のポイント ≫

　まずは、認知症のある利用者が落ち着いて過ごせるように、生活リズムや体調管理をしっかり行うことです。利用者が不穏になっている際は見守りを強化したり、不穏になる原因を探して遠ざけるなどの対応が有効です。特定の利用者に対して敵意をもって攻撃するような場合には、生活区域を変更すること等で対応します。

　また、抗精神病薬などの薬剤の副作用によって不穏になっている利用者も少なくありませんから、医師に服薬の見直しをお願いするのも効果があります。

事故発生時の対応のポイント

特に、認知症のある男性利用者が手加減しないで暴力を振るうと、大ケガになることがあります。諍(いさか)いが始まったらすぐに職員が駆けつけて、当事者同士を引き離さなければいけません。

間に合わず、暴力事故に至ってしまった場合は、その後のトラブルを避けるために、そのときの状況や本人の言葉、ケガの状態などを具体的かつ正確に記録に残します。

事故後の家族対応のポイント

家族に代わって施設が利用者の生活を管理している間に起きた事故は、施設と加害者家族の両方が賠償責任を負うことになります。被害者家族は加害者家族、施設のどちらにも全額賠償請求ができるのです。

当然、施設に賠償請求するケースが多くなるため、現実的には最終的に責任を負うのは施設ということがほとんどです。

施設は賠償責任を負う前提で保険会社に相談し、被害者とその家族に丁寧に謝罪しましょう。

損害賠償

高次脳機能障害の利用者の 暴力で別の利用者が骨折

事例

　デイサービスの利用者Nさん（男性）は、脳梗塞の後遺症で高次脳機能障害があります。障害の中心は記憶障害で、身体機能は自立しており、コミュニケーションも問題ありません。ただ、熱いお茶の入った湯飲みを隣の利用者の頬に押し付けたり、女性利用者に性的な発言をするなどの困った行動があります。

　ある日、利用者Sさんが Nさんの隣の席に着こうとしたとき、Nさんがいきなり椅子を引いたため、Sさんは尻もちをついて腰椎を圧迫骨折してしまいました。デイサービスでは、加害者のNさんの家族に「被害者のNさんに謝罪して賠償して欲しい」と求めましたが、娘さんが「父がそんなことをするわけがない。何かの間違いだ」とかたくなに主張して、謝罪も賠償もしてくれません。

本事例の問題点

➡ どこまで防止対策をとっていたか

　高次脳機能障害がある人は衝動を抑えることができないことが多いので、事故を防止するのは非常に難しいでしょう。だからと言って何の対策もとらないのは無責任です。利用者同士の加害事故では、どこまで施設が真剣に防止対策をとっていたのかが問題となります。

➡ デイサービスには過失がないと決めつけていた

　「トラブルに発展するのを防止する」という観点では施設の対応には問題がありました。利用者同士の加害事故で争点となるのは、加害者に責任能力があったかどうかです。Nさんが高次脳機能障害のために判断力がないとされれば、本人に代わって法定監督義務者である家族が賠償責任を負うことになります。

　しかし、民法には「法定監督義務者に代わって監督をする者も、同様の賠償責任を負う」という条文があります。デイサービスはこの代理監督義務者に該当するため、家族と同様に監督責任を問われ、賠償責任を負う場合もあります。

改善のポイント

➡ 高次脳機能障害について理解を深める

高次脳機能障害には以下の2種類があります。障害を理解していないと、個人の性格の問題と誤解されて、事故やトラブルの原因になってしまいます。

● 高次脳機能障害の種類

高次脳機能障害	生活機能障害
	「記憶障害」「遂行機能障害」「注意障害」「失語」「失認」「失行」などの障害で、生活行為が自分で行えなくなる。リハビリによる効果も期待できるし、適切なケアによって自立を支援することもできる。
	社会的行動障害
	他者との関係において適切な対応ができなくなる障害。本人に悪意はなく、不適切な行動であることを理解することができないため、適切な対応にリードしていくことが難しい。

➡ 暴力行為が起こりそうな場面を見極めて、他の利用者を守る

基本的には暴力行為が起こりそうな場面を減らす方向で考えます。

● 利用者が不穏だと気づいたら、なるべく他の利用者を遠ざける。

● 特定の利用者や職員に対して乱暴になるなら、接触しないように配慮する。

● 危ないものは、目の届かないところに隠しておく。

● 波長が合う職員がいれば、なるべくその職員が専属になって対応する。

プラスワン ┃ デイと家族が両輪となって支える

高次脳機能障害の原因は、数年前までは、そのほとんどが交通事故などによる頭部外傷でした。しかし、近年高齢者の脳血管障害による高次脳機能障害が増加しており、自治体が相談窓口やリハビリ施設指定などの支援体制を整備しています。

家族に相談窓口などを紹介し、高次脳機能障害の状況を正しく把握してもらうことも大切です。

ここがポイント！ **高次脳機能障害について家族に理解を促す。そのうえで、トラブルになりそうなら早めに見極めを**

精神疾患をもつ利用者の暴力で他の利用者が死亡

事 例

　Hさんは10年前に認知症を発症後、暴言・暴力が激しくなり、1年前に特養ホームに入居しました。職員の見ていないところで他の利用者に暴力を振るうことがあり、同室の認知症のある利用者の独語がうるさいと、ベッドから引きずり下ろしたこともありました。また、3か月前頃から「虫がたくさんいて眠れない」などの幻覚を訴えるようになりました。

　ある日、他の利用者の車いすがぶつかったことに腹を立て、相手を車いすから転落させてしまいました。相手は硬膜下出血で亡くなりました。後日、Hさんには統合失調症の既往歴があることがわかりました。

本事例の問題点

➡統合失調症に気づいていなかった

　本事例の最大の問題点は、Hさんの統合失調症の既往歴に気づくことができなかったことです。利用者の精神疾患に最初に気づくのは、現場の介護職員です。たとえば「認知症なのに記憶力も会話も普通だ」などの違和感があれば、精神疾患を疑うべきでした。そうすれば、適切な医療につなぐことができたはずです。

　精神病院では、患者への対応は必ず職員2人で行うことがルールになっています。この施設の精神疾患をもつ利用者への対応は、無防備であると言わざるを得ません。

➡以前にも暴力行為があったのに対策をとらなかった

　施設は、Hさんのように、他の利用者に危害を加える行動が顕著な利用者に対しては、他の利用者の安全確保のための対策を講じなければなりません。これを怠って漫然と対応し、事故に至れば、大きな責任を問われます。

改善のポイント

➡精神疾患がある利用者への対応をルール化する

施設で問題になるのは精神疾患の再発や、薬物コントロールで小康状態にある利用者です。特に医療と連携をとる必要があるのは、統合失調症と人格障害（パーソナリティ障害）です。これらの精神疾患は放置すると、他の利用者を傷つけたり、生活に支障が出る行為に及ぶことがあります。

●精神疾患が疑われる利用者への対応

❶ 入居申込書の既往症および服薬の欄に注意する

既往症の欄に精神疾患名がなくても、服薬欄に精神安定剤や抗・向精神病薬などの薬名がある場合には、精神疾患の既往歴を家族に確認します。

❷ 入居後に不自然な行動があればカンファレンスを行う

統合失調症や人格障害、うつ病などの勉強会を行い、これらの疾患特有の行動に早期に気づくことが大切です。看護師がカンファレンスを行い、介護記録に利用者の行動記録をつけるなど、受診に有効な記録の方法などについて指導しましょう。

❸ 精神疾患が疑われる利用者は早期の受診を

他の利用者に危害を及ぼす場合、家族に対して既往歴などを再度確認し、家族の了解のうえで適切な専門医を受診します。

❹ 入退所検討委員会を開き、入院施設を探すなどして退所を検討する

治療を行っても暴力行為が続く場合は、医療機関への入院を検討します。入院ができなければ、入退所検討委員会で退所の決定を行い、記録に取っておくことが必要です。いざ事故が起きたとき、「退所」という意思決定をしていて退所後の処遇を模索していたという状態でなければ、危険を放置し何らの対策も講じなかったと受け取られてしまいます。

ここがポイント! 利用者の精神疾患が疑われる場合は、家族への確認や医療との連携を早急に行う

利用者の暴力が原因で介護中に転倒、不可抗力を主張したい

事例

　特養ホームで、職員が認知症のある利用者の移乗介助をしていたところ、利用者が暴れて、肘が職員の左目の近くに強く当たりました。職員はふらついて利用者を支えていた手を放してしまい、利用者を転倒骨折させてしまいました。職員も顔面に大きなあざができましたが、軽症だったので受診はしませんでした。

　施設は家族に状況を説明し、事故は不可抗力であると理解を求めました。しかし、家族は「高齢の父にそんな力があるはずがない」と施設の過失を主張し、市へ苦情申立をしました。市から説明を求められた施設は「利用者に殴られ職員も負傷しており不可抗力だった」と説明しましたが、職員の診断書の提出を求められてしまいました。

本事例の問題点

➡職員が受診しなかった

　殴られたはずみで手を放してしまったという、施設の主張が事実ならば、この事故は不可抗力であり、過失がないと判断される可能性が高いでしょう。

　しかし、家族は職員のケガを見ていないので、肘が職員の目にぶつかったときの衝撃の強さを家族に伝える必要があります。苦情申立を受けた市が、施設に対して診断書の提出を求めてきたのは当然のことで、本事例は受診をして診断書をとらなかったことが問題でした。

➡介助が適切だったかの検証がされていない

　本事例では、職員の移乗介助の方法が不適切だったことが暴力の原因だった可能性もあります。無過失を主張するためには、職員の移乗介助の方法が安全だったことを検証しなければなりません。それがなければ、完全な無過失を主張することは難しいでしょう。

改善のポイント

➡無過失を主張するのに必要な条件をそろえる

　介助中の職員には利用者の身体動作がすべて委ねられており、高い注意義務が課せられています。身体介助中の事故で無過失を主張しようとするのであれば、「防ぐことが困難であった事由」をきちんと説明できなければなりません。

無過失を主張するのに必要な条件

❶ 職員の介助方法（介助動作や声かけ、誘導など）が適切であったこと

利用者に痛みが伴う無理な動作や、声かけせずに介助を行ったことで驚かせたなど、介助方法に問題がなかったかを検証する。

❷ 車いすや手すりなどの福祉用具が利用者の移乗介助に適していたこと

利用者の身体に合わない福祉用具を使っていたことで痛みや危険があり、それが介助拒否につながっていなかったかを検証する。

❸ 利用者の身体機能や認知機能に合った介助だったこと

利用者の体調に問題はなかったか、移乗ができる程度に立位がとれる身体能力があったか、移乗が理解できる認知機能があったかなどを検証する。

❹ 診断書を提出して、ケガの程度を証明する

職員がケガをした場合は、軽傷であっても説明責任を果たすために受診し、診断書を提出する。

ここがポイント！

介助中の事故で無過失を主張するためには、防ぐことが困難であった理由を説明し、条件をそろえる

「ひどい暴言」という介護記録でサービス提供拒否、家族が激怒

事 例

　デイサービスの利用者Mさんは、認知症はありませんが、気性が激しいせいか、よく職員や他の利用者とトラブルになります。ある日、Mさんが他の利用者の胸ぐらをつかんで「ぶっ殺してやる」と言って、拳を頬に押し付けるというトラブルが起こりました。デイサービスはMさんの家族にサービス提供拒否の連絡をしました。

　Mさんの息子さんが「父の暴言と暴力の証拠を見せろ」と詰め寄ったため、「M様がH様にひどい暴言を吐いて威嚇した」と書かれた介護記録を見せたところ、「これでは証拠にならない。名誉棄損で訴えるぞ」と言われてしまいました。

本事例の問題点

➡ サービス利用中の様子を家族に伝えていなかった

　介護施設では「家族の心理的負担になる」という理由で、利用者の迷惑行為を家族に伝えないことがあります。大きな問題が起こった際に突然伝えられても、家族はにわかには信じられません。しかも、以前からも同様の行為があったのであれば、「もっと早く教えてくれればよかったのに」と不満に感じるでしょう。

➡ サービス提供拒否の基準を明確にしていなかった

　介護サービスは、運営基準によって「正当な理由なくサービス提供拒否はできない」と定められています。どんな迷惑行為がサービス提供拒否につながるのかという明確な基準を、あらかじめ家族に説明していなければ、理解を得るのは難しいでしょう。

➡ 記録の内容があいまいだった

　あいまいな表現で書かれた記録のために、証拠としての効力が甘くなってしまったことも問題でした。

改善のポイント

➡介護サービス提供時の迷惑行為は家族に報告しなければならない

❶ 家族も監督義務者であるため	❷ 自宅での危険を認識してもらうため
家族は介護者であると同時に、監督義務者でもあるので、利用者の行為がトラブルにつながる事実は報告する必要がある。これは知的障害者の施設では当然のルール。	デイサービスで問題を起こしているということは、自宅でも「近隣で誰かに暴力を振るう」などの迷惑行為を起こす可能性があるので、家族に認識してもらう必要がある。

➡施設としてサービス提供拒否の基準を明確にしておく

❶ 認知症がある場合	❷ 認知症がない場合
暴力行為やわいせつ行為で法に抵触する場合は利用を拒否することができる。法に触れなくてもほかの利用者が迷惑している場合は、家族・ケアマネジャーと相談しながら対応する。	暴力行為やわいせつ行為で法に抵触する場合はもちろんのこと、ほかの利用者が迷惑している場合も断ることができる。

➡記録の書き方をルール化する

　　施設が作成する記録は、法的な効力としての疑問はありますが、正確な表現で記載していればサービス提供中止を主張するための根拠となります。ルールを明確に決めて、施設内研修会などで周知徹底しましょう。

●記録の書き方（例）

あいまいな表現	正確な表現
卑わいな言葉や行為	「下着の中に手を入れた」など具体的に記載
激しい言葉、暴言を吐いた	山田さんが「○○」と言った（直接話法で記述）
M様とS様が言い争っていた	牧田様と斎藤様が言い争っていた（実名で記入）
CwがNsにFa連絡を依頼した	山田職員が安田看護師に家族連絡を依頼した
居室で不潔行為があった	山田様が便を壁に付けた（具体的に記述）
痛みの訴えはなかった	「痛みはありますか」と尋ね、「ない」と答えた
家族が事故について不満を訴えた	家族から「納得がいかないので、事故の責任を明確してほしい」と言われた

ここがポイント！

暴力が理由でサービス提供を拒否するときは、根拠のある理由を明確に説明する

認知症のない利用者が他の利用者を故意に殴る

事例

　サ高住の入居者Aさん（認知症なし）は、同じフロアで居室が近いBさん（軽度認知症）に対して、日頃から難くせをつけては暴力を振るいます。Aさんの主張を聞いて対応を工夫するなどしてきましたが、暴力は止まりませんでした。

　あるとき、イライラしていたAさんは、Bさんに、「バカにすんじゃねえ」と言って突然つかみかかり、顔を2～3回殴りました。職員がAさんを引き離しましたが、Bさんの頬は赤くなっていました。

　施設長は、Aさんに退居をお願いしましたが、Aさんは「押したら転んだだけ」とうそぶきます。娘さんに説明して退居をお願いしましたが、娘さんも「わざとじゃないでしょ」と、Aさんと同じことを言います。

　Bさんは単身者で保護する人がいないので施設は困り果ててしまいました。

本事例の問題点

➡暴力は刑法に抵触する犯罪なのに、そのまま放置した

　認知症のある利用者が他の利用者に暴力を振るっても、責任能力がないとみなされ、犯罪として刑法で処罰されることはあまりありません。しかし、認知症がなく判断能力がある人は、要介護の状態であっても、刑法に抵触する行為をすれば犯罪です。本事例の場合は加害者に認知症がないのですから、「困り果ててしまいました」といって、放置したのは問題です。

　施設の管理者は、認知症がない責任能力のある利用者からの暴力行為があっても、ほとんど警察に相談していません。加害行為をする人も援助が必要な利用者であり、援助によって加害行為を止めさせようと考える人が多いからです。しかし本事例のように、認知症のない利用者の暴力が続くようであれば、警察に相談はしておいたほうがいいでしょう。警察に相談することで解決するケースはたくさんあるのです。

改善のポイント

➡刑法に抵触する行為は必ず警察に相談

　軽微な暴力の場合、警察に相談しても取り合ってくれないことがあります。しかし、利用者が危険な状態が継続している場合は、何度も警察に相談したという実績を残し、その事実を加害者や加害者家族に伝えましょう。警察が暴力行為を止めてくれるわけではありませんが、警察に相談することで、施設が厳しい対応を検討しているという覚悟を相手側に伝えることができます。

プラスワン | **刑事告訴も検討した訪問看護事業所**

　訪問介護を利用しているCさんの夫（認知症なし）が、ヘルパーにわいせつ行為をするため、ヘルパーが何度も交代していました。ヘルパーが事業所にわいせつ行為の被害を訴えても、所長は「ご主人にきつく言うから」と言うものの、本気で解決しようとしませんでした。

　Cさんが新たに訪問看護を受けることになり、夫は看護師にもわいせつ行為を働きました。訪問介護の所長とは違い、訪問看護の所長はすぐに警察に行って記録を渡し、ご主人の実名を出して相談をしました。その後、所長は警察に相談したことを夫に話し、「わいせつ行為を止めなければ被害届を出すつもりである。今後も続くようなら、刑事告訴する」と説明しました。それ以降、夫のわいせつ行為は一切なくなりました。

　介護事業者も厳しい対応をすべきときがあると、認識を変えてくれる事例です。

ここがポイント! 認知症のない利用者の暴力は警察に相談し、そのことを本人や家族にも伝える

原因不明の傷・あざに対する基本的な考え方

原因不明の傷・あざの特徴

　転倒などの事故は起こっていないのに、いつのまにかケガやあざができてしまうことがあります。

　生活していれば、どこかにぶつけることもありますから、ケガやあざはそう珍しいことではありません。しかし、施設の利用者、特に自発動作が少ない寝たきりの利用者の身体に原因不明の傷やあざが見つかれば、家族の不信感につながります。施設の対応が悪ければ、「職員による虐待ではないか?」と役所に苦情を申し立てるなど、大きなトラブルに発展しかねません。

　原因不明の事故は、文字通り「原因が不明」なのですから、事故防止は困難です。力点はほぼ一点で、家族対応に置かなければなりません。力配分表では次のようになります。

● 原因不明の事故の対策の力配分表

⚔ 事故の防止対策のポイント ⚔

　ケガやあざができてから判明するので、防止策は今後同じケガが起こらないように再発を防ぐこととなります。介助中にできてしまったケガであれば、介助方法を変えるなどの対応が必要になりますが、調べても原因がわからないことがよくあります。

　原因がわからない場合は、生活の中で原因と考えられる場面を検証し、改善することで再発を防止します。

事故発生時の対応のポイント

原因不明の傷やあざが発見されたときは、まず看護師に応急処置をしてもらいます。このときに重要なことは、すぐにデジタルカメラやスマートフォンなどで写真を撮り、気がついたことをメモなどで残しておくことです。傷やあざは少し時間が経過すると消えて、原因の推定の手がかりがなくなってしまうからです。後日家族に説明する際や、調査報告書を作成する際にも、患部の写真は貴重な情報になります。

また、受診した際には医師や看護師に見解を聞くなどして、医学的な見地からの情報も集めておきましょう。

原因不明の傷・あざ

基本

事故後の家族対応のポイント

家族への対応が悪ければ、トラブルに発展しやすいので、以下のようにあらかじめ手順を決めて、丁寧に対応しましょう。

❶ どんな小さな傷やあざも、発見したらすぐ相談員へ報告し、相談員は家族に連絡する。

❷ 相談員は傷やあざの状態について家族に説明し、受診の可否について相談する。

❸ 傷やあざの状態を後日検証するため、写真に撮っておく。

❹ 傷やあざの形状から介護中の受傷の可能性を検証する（推測する）。介助中の可能性があれば対策を立ててから、家族に丁寧に説明する。

❺ 介助中の受傷の可能性がない場合のみ、自発動作によってできた可能性を検討し、説明のうえ、対策を示す。

❻ 最終的に受傷の原因が不明であっても、調査や推測の経過について家族に説明して理解を得る。

1	2	3
相談員への報告	家族に報告・相談	傷・あざの状態を写真に残す

医師の意見で再発防止策を講じたが、再度骨折

事例

　特養ホームに入居しているKさん（78歳・女性）は、身体に障害はありませんが認知症があります。ある日、入浴介助中に職員がKさんの右足趾の腫れに気づきました。整形外科を受診したところ、右足趾の骨折と診断され、「ベッドか家具に足をぶつけたのでしょう」と医師から説明を受けました。

　職員は医師の見解を家族に説明し、タンスや家具にぶつけてもケガをしにくいリハビリシューズに変えました。ところが、その翌週に左足趾の腫れを発見、骨折していました。

　生活環境を見直したところ、小柄なKさんに対してベッドの高さがかなり高いことがわかりました。つまり、Kさんの足趾骨折は、素足や靴下の状態でベッドから降りるときに、足趾に体重がかかって折れたものだったのです。

本事例の問題点

➡生活を見直すなど、きちんと原因究明をしなかった

　いつの間にかできた傷は原因がわからないので、事故防止対策がとれません。ですから、本事例では「再発防止対策をとること」となります。

　本事例の問題点は、医師が言ったことを鵜呑みにして、本当の原因究明をしなかった点にあります。医師は、患者の日ごろの生活や環境を見ているわけではなく、「一般的に認知症の高齢者がタンスなどに足をぶつけて骨折するケースが多い」ということを言ったにすぎないのです。その言葉どおりに「タンスに足をぶつけることの対策」しかとらなかったために、Kさんは再度骨折してしまいました。

改善のポイント

➡認知症のある利用者に対しては、生活動作の状況もチェックする

　医師は医療の専門家ですが、事故原因調査の専門家ではありません。とはいえ、限られた情報の中から事故の原因を推定して説明してくれることが多いため、職員は医師の見解を聞くと納得してしまいがちです。医師のコメントは医学的見解にすぎないので、ケガの本当の原因は医師の見解をヒントにして、職員が生活を見直しながら探す必要があります。

　もし、職員が最初のケガの段階で利用者の生活動作のチェックを行っていれば、2回めの骨折事故は防げたはずです。本事例は入居施設でしたが、通所の施設であれば家族に利用者特有の行動についてのヒアリングを行い、総合的に原因究明をすることが大切になります。

事故状況の把握と解決には利用者・医師・職員・家族の協力が不可欠

家族・利用者

- 利用者特有の行動
- 利用者本人の意見

職　員

- 施設内の状況
- 過去の事例
- 利用者の生活状況
- 他の職員の意見

医　師

- 医学的な見解
- 典型的な事故例

- 家族と利用者が納得できる解決案

- 原因の把握
- 解決案の提案

- 医師の見解、家族や職員からの意見を踏まえた総合的な見解

ここがポイント！

原因不明のケガの原因は医師の見解に頼らず生活の中からリスクを探し出す

ショートステイでできた傷を医師に虐待と疑われクレームに

事例

認知症のあるMさん（男性）は、自宅で生活しています。毎月2回ショートステイを利用していますが、ある日の入浴時に左上腕に内出血が発見されたため、職員が家族に報告しました。

3日後に持病の定期受診で通院すると、医師が内出血を発見し「家族による虐待の疑いがある。医師には通報義務がある」と言われ、息子さんは驚いてその場で施設に電話をしてきました。すぐに相談員と看護師が医師に面談し、医師は納得してくれました。

しかし、今度は息子さんが「今までにも何度か内出血を繰り返しているのに、原因を説明してくれない。虐待ではないのか」と施設に説明を求めてきました。看護師がその場で「内出血はご自分でサイドレールにぶつけた可能性があります」と答えましたが、息子さんは納得しません。

本事例の問題点

➡その都度家族に報告していなかった

利用者の小さな傷やあざを100%防ぐことはできません。どんなに注意していも介助中に弾みでぶつかることもありますし、自発動作であざがつくこともあります。問題は傷やあざに気づいたときに家族に連絡し、その原因について説明をしていなかったことです。家族は原因の説明をされなければ、隠蔽しているのではないかと疑心暗鬼になります。

➡状況を調査せずに回答してしまった

傷やあざはどんなに調査しても確実な原因を突き止めることは不可能ですが、ある程度推定して家族に伝えることはできるはずです。家族が求めているのは、原因究明と再発防止に対する施設側の努力なのです。

改善のポイント

➡ケガなどに気づいたら報告を上げ原因を推定する

　入浴介助などのときに利用者の身体の傷やあざに気づいたら、看護師を呼んで手当てし、事故として記録します。看護師は、傷やあざの形状からどのようなものに接触してできたのかを推定して、事故報告書の原因欄に記入します。傷とあざの形状から接触物を推定するには、次の表を参考にしてください。

●傷の形状と接触状況

傷の形状	他物との接触の仕方
広く浅い擦過傷	ザラザラしたものでこすれ、広く細かい傷がついた。
線状に浅い擦過傷	先の尖ったものに軽く触れ、細長く浅い傷がついた。
線状の深い裂傷	尖ったもので強く引っ掻いたため皮膚がえぐれた。
裂け傷	打撃・ねじれ・皮膚の引きつりなどにより皮膚が裂けた。

●あざ（内出血）の形状と衝突物

内出血の形状	他物との接触の仕方
小さくくっきりしている	先の尖ったものに衝突してできた内出血、皮下の浅い部分が出血する。
広くぼんやりしている	丸みのあるものに衝突してできた内出血、皮下の深い部分が出血する。
比較的細くくっきりしている	挟んだり、つねるなどしてできた内出血、皮下の浅い部分が出血する。

※その他の内出血は内的疾患から起こることが稀にあり、形状に規則性がなくわかりにくい。

➡家族への説明の方法を決めておく

　接触物の推定ができたら、家族に連絡を入れて謝罪し、原因と再発防止策を説明します。再発防止策は、確実なものである必要はありません。「確実な原因はわかりませんが、着替えの介助のときにベッド柵にぶつけた可能性があるので、もう一度着替えの方法を検証しました」と推定から導き出した再発防止策を説明すれば、家族の納得を得られやすいでしょう。

ここがポイント！

ケガに気づいたらすぐに家族に連絡し、傷の状態から原因を推測して報告する

原因不明の骨折で犯人を探せと要求する家族

事例

　特養ホームの利用者Bさん（94歳・女性）は、ほぼ寝たきりで自発動作も発語もありません。ある朝、職員が足に触れるとBさんが唸り声を上げたので受診したところ、大腿骨を骨折していました。

　診断結果を聞いた家族が、「誰が骨折させたのか？」と尋ねるので、受診に同行した看護師が「骨粗しょう症が進んでいるので、ちょっとした拍子で骨折することもあり、特定は難しい」と説明しました。家族は「いつも乱暴に介助している。いつかこうなると思っていた。誰がやったのかはっきりさせて欲しい」と譲りません。仕方なく相談員は「誰がやったのか、確認してご報告します」と約束して、その場を収めました。

本事例の問題点

➡犯人探しの約束をしてしまった

　Bさんは骨粗しょう症が進んでおり、ちょっとした拍子に骨折したと推察されます。明らかな虐待を認める事案については犯人を探す必要がありますが、本事例のようなケースは職員に骨折させた認識がないので、犯人探しをしても見つかることは稀でしょう。犯人探しの要求に応じてしまったのは問題でした。結局、家族の要求には応えられず、かえって収拾がつかなくなってしまいます。

　実際のところ、利用者の家族に疑われているのは、施設自体です。犯人を探すよりも、施設の責任として過失判断を行い、過失があると判断した場合には管理者が迅速に謝罪し、改善策を提案することが大切です。

改善のポイント

➡施設として虐待の有無を判断する

施設管理者として虐待の有無について結論を出すには、事故と虐待の両面から想定されるすべてのケースについて検証しなければなりません。具体的には次のようなケースを検証します。

●具体例で考える虐待と事故の判断

虐待行為 責任：高	事　故	不可抗力 責任：低

- ・故意に傷つける目的で暴行し受傷させた（虐待）
- ・虐待の意図はなく乱暴な介助によって受傷させた（虐待）
- ・危険な介助方法で介助して受傷させた
- ・介助中の介助ミスによって受傷させた
- ・介助中の不可抗力的な偶発事故で受傷させた
- ・地震や台風などの天災

虐待か否かという調査だけでなく、判明している事実からどのような原因でどのように受傷したのかを検証して、推定します。「職員による虐待ではない」という判断を示しつつ「このようにして起きた事故であると推論しています」という詳細な検証があれば、家族も納得してくれるでしょう。

➡報告書をビジュアルでわかりやすく

❶改善策などを理解しやすいように写真やイラストを使ってビジュアルにする

❷わかりにくい部分などは動画で説明する

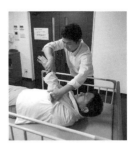

ここがポイント！

犯人探しよりも利用者の安全、家族の安心を優先させる。詳細な検証のもと、家族に報告する

事故後の家族対応

傷の原因を説明できず、苦情申立に発展

事例

　特養ホームに入居しているＡさんの息子さんが面会に来て、Ａさんの爪を切ろうと靴下を脱がせたところ、足趾のつけ根の裏に小さな切り傷を発見しました。靴下も血に染まっていたので看護師を呼び手当てをしてもらいましたが、息子さんは「どうしてこんなところに傷ができるのか？」と不思議に思い、施設長に「職員による虐待の疑いがあるので調べて欲しい」と訴えました。

　ところが、施設長は、「うちには信頼できる職員しかおりませんので、虐待は絶対にありません！」と断言し、取り合いませんでした。息子さんは市に苦情申立をしました。

本事例の問題点

➡トラブルの原因は施設長の対応にあり

　トラブルの原因は、不審な傷に対して施設が原因究明もせず、「虐待はない」と断言したことです。家族も「ケガはすべて虐待に違いない」などと言っているわけではありません。「不審な傷」について疑っているだけです。

　管理者として心外な内容であったかもしれませんが、苦情があった以上は冷静に受け止めて、正式な調査と回答をするべきでした。利用者からの苦情を拒絶すれば、介護保険制度に定められている「苦情処理のルール」を無視したことになります。監査が入ればこのことを指導されるでしょう。

改善のポイント

➡クレームへの対応方法をマニュアルにまとめる

　「従業員の不正を疑う」という特殊なクレームには、マニュアル化して適切に対応することが必要です。次ページの例をもとに各施設の実情に沿ったマニュアルを作成してください。

| 参考 | 従業員の不正を疑うクレームへの対応 |

❶ 申立者に対しての確認

　内容が従業員の不正行為に関するクレームであれば、内容を詳細に聞き取り、次の2種類に該当するかどうかを確認する。

　1. 窃盗や傷害（虐待）など明らかに刑法上の犯罪行為に当たるもの

　　従業員の刑事告発の可能性がある極めて重大な事件なので、申立内容が確実かを再度申立者に確認する。

　2. 暴言やプライバシー侵害、セクハラなど、著しく道徳的に劣る言動など

❷ 対応方針についての説明

　明らかに不正行為と思われる場合、管理職だけで調査し、従業員の告発も視野に入れて厳格な対応をすることを約束する。調査の報告には期限を設ける。

❸ 調査と対処方針の協議

　その従業員の担当する他のお客様に同様のクレームや類似のクレームがないかどうか調査する。また、日ごろの言動、態度や職務の遂行状況を聞き取る。

❹ 調査結果と処分（不正行為が事実の場合）

　調査の結果、従業員の不正行為を事実認定した場合は、処分の方針を法人経営者、人事担当責任者など役員を交えて協議する。不正行為によりお客様に損害が発生している場合には、調査結果を伝えて損害を賠償する。

❺ 調査結果と報告（不正行為の事実が確認できない場合）

　調査の結果、従業員の不正行為の事実が確認できなかった場合は、調査方法について丁寧に説明し、従業員の不正行為を証明する証拠がないことなどを伝え、理解を求める。

❻ 調査結果と報告（申し立ての事実に間違いがあった場合）

　調査の結果、申立者の申立内容が事実と異なることがわかり、従業員の潔白が証明された場合は、調査内容と最終判断を説明し理解を求める。

❼ 従業員の処分について

　従業員の処分については、法人の管理部門を通じて弁護士に任せる。従業員の不正に対する問題は、お客様対応だけでなく、従業員の人権に関わる問題も多く発生するので、そのつど専門家（弁護士・社労士など）の助言を求める。

ここがポイント！

管理者用にクレーム対応のマニュアルを整備して、家族対応の方法をまとめておく

送迎事故に対する基本的な考え方

基本

送迎事故の特徴

　送迎事故とは、デイサービスの送迎中に起こる事故のことです。送迎車の交通事故やリフト昇降中の転落、玄関と送迎車の間の移動介助中の転倒など、さまざまな事故が頻発しており、死亡に至る例も増加しています。送迎中の事故が減らない原因は、大きく分けて２つあります。

　１つめは、送迎業務を巡る環境が厳しくなっていることです。施設の人手不足などが原因で、送迎業務の担い手のほとんどが高齢ドライバーになっています。安全管理も、ドライバー任せという施設が多いのが現状です。

　２つめは、送迎業務は介護業務ではなく付帯業務と位置づけられ、現場に任されていることです。実際には、送迎時の移動介助マニュアルさえない施設がほとんどです。事故防止対策と事故発生時の対応がマニュアル化されていないことが原因で、多くのトラブルに発展しています。

　送迎事故は交通事故から利用者の体調急変まで多様ですから、細部までマニュアル化して徹底を図る必要があります。力配分表は次のようになります。

● 送迎事故の対策の力配分表

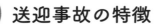

送迎事故対策の力配分表	事故防止対策	
	事故発生時対応	：やるべきことを行う
	事故後の家族対応	：力を入れる
		：最大限の力を入れる

送迎事故の防止対策のポイント

　送迎中の事故は多種多様ですから、きめ細かく事故防止マニュアルを作成することがポイントです。まず、送迎中のリスクを運転中の事故と移動介助中の事故の２つの場面に分けて、次ページのような課題に取り組みます。

リスクが発生する場面	取り組み課題	具体的な対策
運転中の事故	運転手の安全運転能力の向上	採用時の安全運転適性チェック
		送迎エリアのヒヤリハットマップ作成
	運行中の緊急事態対応	体調急変対応マニュアル
		交通事故発生時対応マニュアル
移動介助中の事故	移動介助の環境改善	サービス提供開始時の送迎環境チェック
		ケアマネジャーへの移動環境改善依頼
	送迎業務のマニュアル化	送迎時移動介助マニュアル
		送迎車乗降・リフト操作マニュアル

❊ 事故発生時の対応のポイント ❊

　送迎中のほとんどの事故は施設外で発生しますから、場合によってはドライバーが1人で事故対応を行うケースも出てきます。誰が事故に遭遇しても、一律に対応ができるようにするには、業務の流れを緻密にマニュアル化する必要があります。また、マニュアルを作成するだけでは現場に徹底できませんから、冷静に対応できるように定期的に訓練を行うことも大切です。

　送迎中に重大事故が起こった場合は、施設と送迎者のスタッフ（ドライバーや介護職）が連絡をとり合って対応する必要があります。誰がどの役割を担うのかという連携方法のマニュアルも、合わせて作成しましょう。

❊ 事故後の家族対応のポイント ❊

　さまざまな要因で発生する送迎中の事故ですが、過去の裁判事例を見ると、訴えられた場合はほぼ100％施設の過失と認定されています。つまり、送迎中に重大事故が起こった場合、多くの家族は「介護職員やドライバーのミスが原因であり、施設の過失である」と不信感をもち、施設の責任を追及するのです。

　事故が起こった際に大切なのは、家族の不安な気持ちを少しでも和らげ、納得していただくことです。そのためには、タイムラグが出ないように家族に正確な情報を伝えます。利用者の搬送先の病院の情報やケガの状態など、いち早く正確に家族に伝えられるよう、現場と施設が連携する必要があります。

　また、自動車事故となると損害保険会社とのやりとりも発生します。過失の有無にかかわらず、施設は家族と保険会社の間に立って調整に協力しましょう。

利用者の荷物を持って
移動介助中に転倒骨折

事例

　Eさん(71歳・男性)は軽い左片マヒがあるものの、杖歩行ができます。デイサービスを利用していますが、自宅の玄関から送迎車までは、Eさんの杖歩行を職員が見守っています。

　ある日のお迎え時、Eさんに付き添った職員が送迎車のスライドドアを右手で開けようとしたところ、職員の左側に立っていたEさんがバランスを崩して転倒、大腿骨を骨折してしまいました。職員は左手にEさんの荷物を持っていたため、とっさに支えることができなかったのです。

　送迎マニュアルには「利用者の荷物は持つこと」と記されており、職員はそれに従って行動していました。

事故対応時の問題点

➡移動介助安全マニュアルがなかった

　本事例のデイサービスには、「送迎マニュアル」はありますが、送迎時の移動介助安全マニュアルがなかったことが問題でした。一般的に送迎マニュアルは、「サービス業として失礼がないように」という観点が重視されがちですが、それとは別に、移動介助中の安全に特化した検討もしておくべきでした。屋外は、自宅内や施設内と異なり歩行環境の安全が保障されていませんから、施設は万全の安全対策を講じなくてはなりません。

　送迎マニュアルに「利用者の荷物を持つこと」と書かれているのも問題です。利用者の荷物を片手で持って、もう片方の手で車のドアを開ければ両手がふさがりますから、利用者を支えられないのは明らかです。

改善のポイント

➡家族に協力を求める

「移動介助中に利用者の荷物を持つことは禁止」とするには、家族のサポートが必要です。たとえば、事前に家族に「荷物は肩に斜め掛けできるバッグやリュックに入れ、身につけて来所してください」とお願いします。職員は荷物を持たなくてすむので、利用者の安全確保に集中できます。事故の際に家族トラブルを避ける最もよい方法は、日頃から家族と一緒に知恵を絞ることなので、その点でも有効です。

手荷物のある利用者の場合は、先に車に乗ってもらってから、もう一度玄関まで職員が荷物を取りに行きましょう。

送迎時の移動介助安全マニュアルのつくり方

現実の状況に即したマニュアルにするためには、以下の手順で作成します。

❶ 各職員が毎日行っている安全チェック動作の洗い出し

職員は自分で工夫して、個々に安全な介助の工夫をしているものです。これを書き出せば、マニュアルのベースができます。

たとえば、ある職員は「踏み台がぐらつくことがあるので、強く踏んで確かめる」という工夫をしていました。これをマニュアル化すると、「踏み台を自分の足で強く踏んで、ぐらつきがないか確認する」となります。

❷ 過去のヒヤリハットから漏れている手順を補う

たとえば、「送迎車のドアを閉めるとき、利用者の指を挟みそうになった」というヒヤリハットをマニュアルに盛り込むには単に「利用者の手を挟まないように気を付けてドアを閉める」とするのではなく「ドアを閉めるときには"ドアを閉めるので、手を挟まないように引いてください"と大きな声で声かけしてから、ゆっくり閉める」というように、より具体的な内容にすることが大切です。

ここがポイント！

> 移動介助のマニュアルをつくり、安全面で確認すべきところを押さえる

事故防止対策

猛暑日に利用者が送迎車に置き去りにされて死亡

事例

　ある夏の猛暑日、デイサービス送迎車のシート最後列に座っていたMさんがそのまま車内に取り残され、夕方に遺体で発見されるという痛ましい事故が起きました。運転手は71歳の男性で、利用者が送迎車を降りた後に運転席から全体を見回しましたが、後部座席の点検はしていませんでした。

　その日はMさんの定期の利用予定日ではなかったため、出迎えた職員もMさんがいないことを不審に思わなかったのです。Mさんの臨時利用の希望は家族から運転手に伝えられていたので車は迎えに行きましたが、運転手が職員に臨時利用の希望を伝え忘れていたのでした。

事故対応時の問題点

➡当日の利用者を確実に把握できていなかった

　職員がMさんの不在に気づかなかった原因の一つは、運転手が職員にMさんの利用を伝え忘れたことです。しかし、デイサービスの利用変更の申し出は頻繁であり、職員がそれを把握できてないことによる事故が頻繁に起きています。

➡送迎車から最後に降りる利用者の確認を怠った

　最終降車者の確認ができていれば、たとえ利用者リストから漏れていてもMさんは発見されたはずです。朝、利用者を誘導後に点検のために送迎車に戻って座席の奥までのぞくという一連の行動ができていないのは問題です。

➡最後部シートが死角になって見えにくかった

　Mさんが座ったワンボックスカーの最後部のシートは見えにくかったのに、そのままにしていたことも問題でした。運行中に最後部シートの利用者が横たわったり、床に転落すると誰からも見えなくなります。

改善のポイント

➡利用確定者リストは前日にしっかり確認

利用確定者の確認が、サービスの出発点になると考えることが重要です。利用者の確定は、右のようなフローで行いましょう。

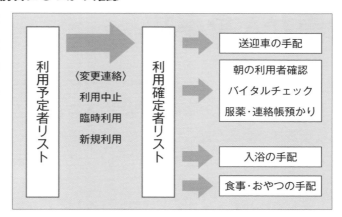

利用予定者リスト → 〈変更連絡〉利用中止 臨時利用 新規利用 → 利用確定者リスト →
- 送迎車の手配
- 朝の利用者確認 バイタルチェック 服薬・連絡帳預かり
- 入浴の手配
- 食事・おやつの手配

➡送迎車を降りた後、必ず隅々まで確認する

確認① 降車確認チェック表をつくる
「降車確認チェック表」を用意し、送迎終了時にすべての利用者が降りたことを確認して、利用者の名前を記入するようにしましょう。

安全対策② 最後列シートを見える化する
最後列のシートの天井にミラーを設置して、運転席から見えるようにします。

安全対策③ 注意喚起のステッカーを貼る
ドライバーの注意を喚起するためのステッカーを車内に貼って、ドライバーが積極的に確認できるようにします。

指差確認 『降車時の後部座席の再点検』
MS&AD あいおいニッセイ同和損害保険

ここがポイント！ **降車時の確認作業をルール化し、送迎終了後は車内を隅々まで確認する**

事故防止対策

過去のヒヤリハット発生地点で、送迎車が人身事故

事例

　デイサービスの送迎車が幼稚園の裏口前を通過したところで、園児が飛び出し、送迎車に衝突する事故が起こりました。送迎車は最徐行をしていたため、幸い園児は転んで足を擦りむいただけですみましたが、運転手はすぐに119番通報しました。

　翌日、すべての運転手を集め、再発防止策について話し合ったところ、運転手の1人が「1年前にも同じ幼稚園で、似たようなヒヤリハットがあった」と発言しました。バインダーに綴じられている過去のヒヤリハットシートを探したところ、確かにその記録が見つかりました。

事故対応時の問題点

⇒過去のヒヤリハットシートが活用できていなかった

　幼稚園前の道路では、子どもの飛び出しを予測して徐行運転をするのが常識です。本事例でも、運転手が最徐行運転をしていたことは評価できます。しかし、過去に他の運転手が同じ場所で危険な出来事に遭遇していながら、その経験を活かせずに、別の運転手が事故を起こしてしまったことは問題でした。

　このデイサービスでは、普段から事故防止活動に力を注ぎ、ヒヤリハットシートを積極的に提出するよう指導していました。ヒヤリハット活動の目的は「ヒヤリとした」「ハッとした」という事故寸前の体験を記録し、情報を共有して事故防止に活かすことです。

　ところが、せっかく集まったヒヤリハットシートをバインダーに綴じたまま活用しなかったことも問題だったといえます。提出が活動の目的になり、本来の目的が忘れ去られ、形骸化していたのでしょう。

改善のポイント

➡リスク発生状況をビジュアル化する

送迎中のヒヤリハットは、運転手の間で情報を共有して活用しなければなりません。そのためには、ヒヤリハットの内容をビジュアル化することがポイントです。

具体的には、送迎エリアの地図に予測される危険を書き込む「危険箇所マップ」を作成して、地図上で把握するとよいでしょう。

危険箇所マップのつくり方

❶ 送迎エリアの地図を1枚の大きなマップにして貼り出す。

❷ 運転手が危険だと感じている場所に潜んでいる危険を書き込む。

❸ 過去のヒヤリハット報告書を調べて危険箇所を追加する。

❹ 新たにヒヤリハットが発生したときは、そのつど書き足す。

ドライブレコーダーの画像を共有

運転手からヒヤリハットシートが提出されたら、全員でその場面（ドライブレコーダーの動画）を見てヒヤリハット情報を共有しましょう。臨場感あふれる動画を見ることで、ヒヤリハットを自分の体験にできるとともに、ヒヤリハット発生地点と発生状況をビジュアルに把握できるので、その危険箇所にさしかかったときに、自然に徐行運転ができるようになります。

ここがポイント！ ヒヤリハットの情報はビジュアル化して整理し、危険な場所等を運転手間で共有する

送迎中に利用者が急変、救急搬送が遅れて死亡

事例

　デイサービス送迎中、車内で利用者が急変しました。運転手はデイサービスに携帯から連絡を入れ、直ちに救急車を呼ぶよう指示を受けたので、道路脇に送迎車を停止させて携帯から119番しましたが、気が動転して救急であることと送迎車が止まっている場所を伝えるまでに5分もかかってしまいました。さらに、運転手は救急隊員から、救急車に同乗するように言われましたが、他の利用者がいるため同乗できませんでした。

　その間、デイサービスの職員は何度も運転手に電話していましたが、つながらなかったため、送迎車の位置確認と搬送先の病院を知ることに手間取り、家族への連絡が大幅に遅れてしまいました。

　病院に搬送された利用者は、くも膜下出血で手術をしたものの、亡くなってしまいました。

事故対応時の問題点

➡ 運転手の4つの問題点

　利用者の救急搬送が遅れた原因は、送迎車内で利用者が体調急変することを想定しておらず、対応手順をルール化していなかったことです。

　本事例における、運転手の問題点は以下の4つです。

❶ すぐに送迎車を停止させられなかった。

❷ デイサービスに連絡して指示を仰ぐことで時間を無駄にした。

❸ 119番に慣れていなかったために手間取った。

❹ 送迎車の場所を速やかに伝えられなかった。

➡ デイサービス職員の2つの問題点

　デイサービスの職員の対応にも問題点があります。それは次の2点です。

❶ 救急救命士に伝えるべき急病人の氏名・連絡先を準備していなかった。

❷ 救急車への付き添いに対応できるよう、現場に急行しなかった。

改善のポイント

➡️送迎中の急変対応マニュアルをつくる

デイサービスの送迎車は高齢者を乗せているので、体調急変があってもおかしくありません。以下のようにマニュアル化しておくとよいでしょう。

❶【運転手】車内で利用者に異変が起きたら、ハザードランプを出して送迎車を路肩に停車させる。

❷【運転手】利用者の名前を呼び、返事がない場合は119番に通報する。

❸【運転手】救急車が到着する前にデイサービスに連絡を入れ、急病人の氏名、連絡先などを調べて、そのメモを到着した救急救命士に渡す。

❹【相談員・看護師】相談員と看護師が現場へ急行する。

❺【相談員】現場急行中に家族に連絡し、「救急搬送先が決まり次第連絡する」と伝える。

❻【看護師】救急車に同乗して搬送先に行き、その後の経過をデイサービスと相談員に連絡する。

❼【相談員】家族に搬送先の病院を連絡し、できれば家族を迎えに行く。

❽【デイサービスの職員】送迎待ちの利用者に連絡して遅れることを謝罪し、別途送迎の手配を行う。

➡️119番通報のマニュアルをつくる

実際に緊急の場面に直面すると、思うようにいかないものです。「119番通報マニュアル」をつくって、車内に貼っておきましょう。

119番受付員	通報者
火事ですか、救急ですか	救急です
場所はどこですか	デイサービス送迎中に車内で急病人が発生しました。○○市○○町の国道○号線○○交差点付近です。
どうしましたか	80代の女性利用者が意識不明でぐったりしています。
あなたの名前を教えてください	私の名前は○○○○です

ここがポイント！

送迎中の救急搬送に備えてマニュアルをつくり、迅速に対応できるよう準備しておく

送迎車リフトからの転落事故、警察から出頭要請に

事例

　送迎車がデイサービスに到着し、降車介助をしているときに事故が起きました。車いすに固定したはずのワイヤーが外れて、利用者が車いすごとリフトから転落したのです。頭部を打撲した利用者はすぐに救急車で搬送され、幸い命に別状はありませんでしたが、骨盤骨折という重傷事故を負ってしまいました。デイサービスの管理者は入院手続きの援助など、1日中家族対応に追われました。

　さらに、翌日警察から呼び出され「交通事故発生時には迅速な警察への届け出が必要。この義務を怠ると3か月以下の懲役または5万円以下の罰金だ」と言われ、あわてふためきました。

事故対応時の問題点

➡ 交通事故について正しい知識をもっていなかった

　自動車で交通事故を起こせば、警察への届け出が必要です。届け出を怠ると、事故証明書が発行されず、自動車保険の適用にも支障が出ます。ところが、運行中ではないときに発生した事故について、正確に知っている人は少ないようです。本事例の問題点は、まさにこれに当てはまります。

　道路交通法では「交通事故とは、道路または道路外で自動車やバイク、自転車などの軽車両（略）などの交通に関係している人の死傷または物の損壊をしてしまった場合をいう」と規定されています。つまり、「道路外」の場所や車の運行中ではない乗降中などもすべて交通事故とみなされ、道路交通法の加害者の義務が適用になるのです。届け出義務に違反した場合、3か月以下の懲役または5万円以下の罰金が課せられます。

　本事例では保険会社にも連絡をしていないようです。自動車保険（任意保険）の約款には人身事故について、「契約する車両の所有・使用・管理に起因して他人を死傷させたこと」とありますから、保険会社への連絡も必須です。

改善のポイント

➡交通事故加害者の義務を学ぶ

　道路でなくても、また運行中でなくても、交通に関する死傷や物の損壊は〈交通事故〉になり、速やかな警察への届け出が義務づけられています。

　送迎車の運行や使用管理においては、さまざまな事故が発生します。「自動車保険の対象になるのだろうか？」と疑問に感じたときは、保険会社や保険代理店などに迅速に確認しましょう。事故日から60日以内に報告しないと、保険金が支払われないこともあるので要注意です。

　道路交通法における義務や自動車保険について詳しく知っている人は多くありません。運転手の職員と相談員や管理者で、安全運転の法やルールについて学ぶ研修やミーティングを行うのもよい方法かもしれません。

自動車保険の対象となる事故の例

利用者が車のキーにさわろうとして
バランスを崩して顔をぶつける事故

送迎車から降りようとして
バランスを崩して転倒事故

ここが
ポイント！

交通事故の範囲は広いので、届け出義務の有無について警察と保険会社への確認を忘れずに

事故後の家族対応

送迎車の追突被害事故、利用者の脳梗塞はデイの責任？

事例

　ある夏の朝、利用者の自宅前で送迎車が追突されてしまいました。幸い軽くぶつかった程度で乗車していた利用者は無傷でしたが、1時間ほど現場検証でその場に留め置かれました。

　その後、デイサービスに到着したとたん、乗車していたHさんが意識混濁となり、救急搬送されました。診断の結果は脳梗塞で、重い後遺症が残りました。

　家族が「脳梗塞を起こしたのは、追突事故が原因なので補償すべきだ」と主張したため、デイサービスは追突事故の加害者の連絡先を伝えました。Hさんの家族が加害者に補償を要求すると、相手の保険会社から「追突と脳梗塞には因果関係がないので補償できない」と言われました。家族が「代わりにデイサービスで補償すべきだ」と主張しましたが、デイサービスは、「デイの車両は追突事故の被害者なので、補償はできません」と断りました。

事故対応時の問題点

➡ Hさんの脳梗塞は加害者のせいだと決めつけた

　Hさんの脳梗塞発症は事故の加害者の責任と決めつけて、デイサービスは事故に関係がないという対応をしたことが問題です。追突事故の状況については、家族よりもデイサービスのほうが正確に把握しているのですから、デイサービスが間に入って加害者の保険会社とやりとりをする必要もありました。

➡ デイサービスの安全管理責任を果たさなかった

　介護事業者としての安全管理の範囲が広いことを認識していなかったことも問題です。現場検証のために、Hさんは送迎車内で1時間も待たされました。利用者には血圧上昇や脱水が起こる恐れもありますから、事故発生時のデイサービスの対応に落ち度がなかったとは言えません。

改善のポイント

➡家族に対してはデイサービスが窓口になって処理に当たる

　送迎中の追突事故であれば、被害に遭った利用者に直接賠償されることもあるかもしれません。しかしその場合であっても、デイサービスの利用時間内に起きた事故ですから、デイサービスは間に入って家族の相談に乗る必要があります。

　本事例のように、追突事故と事故後の脳梗塞発作という因果関係が微妙なケースでは、加害者から賠償されないこともしばしばあります。加害者に法的な責任がなければ、次に問題になるのは、事故が発生したときのデイサービスの対応に落ち度がなかったかです。

➡どの事故にも対応できるようマニュアルを整備する

　追突事故の加害者に責任があってもなくても、デイサービスは利用者の体調を管理する義務があります。本事例の場合は、現場検証の間に家族に一報を入れて、デイサービスに行くか、一度自宅に戻るかの判断を仰ぐべきでした。どちらにしても、その場で1時間も留め置いたのは、デイサービスの過失といえるでしょう。

　デイサービスの送迎中に起こる可能性があるアクシデントは多岐にわたりますから、その場の判断で適切な対応ができるとは限りません。少なくとも次のようなアクシデントは想定して、対応上の注意点をマニュアル化しておきましょう。

┌ 送迎中に想定されるアクシデントの例 ┐

❶ 運行中に発生した利用者の異変（急変）

❷ 車内での利用者の事故（転倒やシートからの転落）

❸ 自宅と送迎車間の移動中の事故

❹ 自動車事故による利用者のケガや遅延

ここがポイント！

デイサービスの責任の広さを理解して、加害者とのやりとりには施設側が窓口となって対応する

個人情報漏えい事故に対する基本的な考え方

▶ 個人情報漏えい事故の特徴

介護事業者が利用者の個人情報を他人に漏らしてしまうことを、個人情報漏えい事故と呼びます。介護施設には個人情報保護法とともに、介護保険法の守秘義務もあるので、利用者の個人情報は慎重に扱わなければなりません。

しかし、介護事業者にとって個人情報漏えいを重大な事故として捉えることは難しく、対策の優先順位は低くなっています。なぜでしょうか？　社会で大きな問題となる個人情報漏えい事件は、IT 関連会社の数百万件という件数が桁違いの漏えい事故だからです。社会問題としての漏えい事故は件数で判断されますが、介護や医療の業界では、1件の漏えいが重大な意味をもつことを再認識しなければなりません。

それはハンディがある人の個人情報漏えいは、それだけでその人の人権を侵害することにつながるからです。高齢者の個人情報が裏社会で取引され、その名簿が特殊詐欺（オレオレ詐欺など）や特定商取引（詐欺商法）に悪用されていることを、介護事業者は重く受け止めなければなりません。

個人情報を大切にすることは、その人の人格を尊重することと考えて、もう一度個人情報の漏えい防止対策を根本的に見直す必要があります。防止対策が重点になるので、力配分表は以下のようになります。

● 個人情報漏えい事故の対策の力配分表

個人情報漏えい事故対策の力配分表	事故防止対策	😊😊😊
事故発生時対応	😊
事故後の家族対応	😊

😊：やるべきことを行う
😊😊：力を入れる
😊😊😊：最大限の力を入れる

≋ 事故の防止対策のポイント ≋

個人情報漏えいの防止対策の第一歩は、個人情報の適切な取り扱いと安全管理のマニュアル化です。

個人情報の取り扱いのポイントは、情報をすべて隠すのではなく、適切な扱い方をすることです。具体的には、以下の点について施設で個人情報の取り扱いについて話し合い、マニュアル化しましょう。

> ● 外に持ち歩く際の対策
> ● 利用者の情報を使用する際の許可の取り方
> ● ミスで施設外に個人情報を漏らさないための対策
> ● 電話やメールでの問い合わせに対するルール
> ● 書類の破棄の方法　など

≋ 事故発生時の対応のポイント ≋

職員のミスで個人情報が漏えいした場合は、利用者の損害につながらないように早急に対応する必要があります。FAX やメールの誤送信であれば誤送信先に連絡を入れて、破棄してもらいます。

一方、犯罪によって利用者の情報を故意に盗まれた場合は、利用者が被害を受けないように対策をとる必要があります。

また、個人情報の漏えいが疑われたら、すぐに事実関係の調査を行い、自治体へ報告します。同時に利用者と家族にも報告します。

≋ 事故後の家族対応のポイント ≋

利用者の個人情報漏えいに対して、家族からクレームになったとき、介護施設の職員は「謝罪すれば足りる」と考えている人が多いのですが、それは違います。個人情報を尊重することはその人を尊重することですから、個人情報を決して軽んじてはいけません。

個人情報保護法では、ハンディのある人の個人情報の漏えいは直接その人の人権侵害につながることがあるため、センシティブ情報として特別な取り扱いが要求されています。それを念頭に置いて丁寧な謝罪、再発防止策の作成と報告、利用者が被害を受けないための対策など、あらゆる方面から対策を講じる必要があります。

ケアマネジャーのバッグから個人情報の書類が紛失

事例

　ケアマネジャーの資格を取得して間もないMさんがある日、地域包括支援センターの外階段を急いで上っていたときのこと。階段を踏み外して転び、強風も吹いていたため、カバンの中に入っていた帳票が階段に散乱してしまいました。

　慌てて帳票を拾い集めて足りないものがないかチェックしたところ、1人の利用者のフェイスシートが見当たりません。外階段に戻って周囲を探しましたが見つからなかったので、個人情報漏えい事故として市に届け出ました。

　事業所の管理者からは「個人情報が記載された帳票類をきちんと管理しなさい」と厳しく指導され、意気消沈しています。

事故対応時の問題点

➡蓋が閉まらないバッグに重要書類を入れていた

　転んだ拍子にカバンの中身が散乱するということは、Mさんは蓋が閉まらないバッグを使用していたか、ファスナー等があっても開けたままで使用していたはずです。個人情報を取り扱う仕事の場面で、蓋の閉まらないバッグを使っていたことは問題でした。

➡無造作に書類を入れていた

　さらにMさんの致命的なミスは、バッグに無造作に書類を詰めていたことです。フェイスシートのみが紛失したということは、書類がクリアファイルやバインダーなどに綴じられておらず、バラバラにカバンに入っていたのでしょう。これではカバンを落とさなくても、ふとした拍子に紛失しかねません。

➡管理者の指導が抽象的

　「きちんと管理しなさい」だけでは、伝わりません。どのように管理したら紛失を防げるのか、具体的な対策を指導する必要があります。

改善のポイント

➡ 書類の取り扱いについてルールをつくる

　個人情報を守るためには、バッグなどへの工夫はもちろんですが、どんなに注意していても防ぎきれない盗難事故もあるので、それだけでは不十分です。その時々の仕事に不要な情報は、マジックで塗りつぶして（マスキング）から持ち出すなど、予期せぬ事態に備えて個人情報の量を必要最小限にしておく必要があります。

　管理者は書類の取り扱いについてのルールをつくり、職員に徹底しなければなりません。

個人情報（帳票類など）を外部に持ち出すときの取り扱いルール例

❶ 利用者のファイルごと持ち出さず、必要最小限の情報に限定する。

❷ 原本ではなく、必ずコピーを取って持ち出す。打ち合わせで不要な情報にはコピーをとってマジックで塗りつぶすなどマスキングをする。

❸ 車の中に放置しない。どうしても車内に置く必要があるときは、外から見えないようにトランクに入れて鍵をかける。

❹ 電車などの乗り物では網棚に載せず、身体から離さない。

❺ 帳票類はバインダーやクリアファイルに綴じ、持ち歩く際のバッグは口が閉まるものにする。同じクリアファイルでも、書類が抜け落ちないようなゴムバンド付きや横入れ式などもあるので、必要に応じて適切なものを選ぶ。

　個人情報書類が盗難にあったとき、「こちらは盗難の被害者だから仕方がない」という考えは通用しません。IT 関連企業などで起きている膨大な量の個人情報漏えい事故の大半はネット犯罪による被害ですが、被害者の立場であってもこれらの企業はその社会的責任を追及されているのです。

個人情報を持ち出すときのルールを作成し、徹底する

施設広報誌に利用者の顔写真を載せたことでクレーム

事例

　特養ホームが定期的に発行している広報誌で、「私のお気に入り」という特集を組むことになりました。認知症のある女性利用者Rさんは、いつも女の子の人形を抱いているので、相談員がキーパーソンの長男に「Rさんのお気に入りである人形を広報誌に掲載したい」と電話で依頼し、了解をもらいました。

　ところがその後、次男がたまたま市民センターに置いてあった広報誌を見て「母が人形を抱いている写真が載っている。これでは母が認知症であるとわかってしまう」と連絡してきました。相談員は、「ご長男から了解を得ました」と答えたのですが、次男は市に苦情申立を行いました。

事故対応時の問題点

➡長男は後見人ではなかった

　「個人情報の保護に関する法律」では、個人情報を保有する事業者への"本人の承諾のない個人情報利用の禁止"と"個人情報漏えい防止の義務化"が謳われています。厳密に言えば、キーパーソンであってもその家族が認知症利用者の後見人でなければ、掲載を承諾する権利はなく、個人情報保護法には違反することになります（ただし罰則はありません）。

➡電話で了承を得た

　施設における個人情報の取り扱い方法、つまり掲載に対する家族の承諾の取り方にも問題がありました。電話で伝えただけで、文章やどの写真を使用するのかなどの詳細な情報を明らかにしないままで掲載してしまった点です。

　本事例はその後、市から「キーパーソンの長男に電話で掲載の承諾を得る」という方法は「不適切であり配慮が足りない」として施設に指導がありました。

改善のポイント

➡漏えい防止のルールをつくろう

　個人情報を巡る介護事業者と家族間のトラブルの根本原因は、事業者側に利用者の個人情報の取り扱い方法に関する配慮の行き届いたルールがないことです。その場合は、早急に個人情報の取り扱いと漏えい防止のルールをつくる必要があります。

　まずは、施設で適切と考えるルールを明示して「施設ではこのように決めますので、特別な配慮が必要な方はお申し出ください」と「黙示の同意」を得るとよいでしょう。本事例のように広報誌に利用者の個人情報を掲載する場合、一般的には次の3点について家族の承諾が必要です。

> **個人情報掲載時に家族にお願いすること**
> ❶ 個人情報の掲載が本人の不利益にならないことを説明して、了解をもらう。
> ❷ どのような記事になるのか目で見て、了解をもらう。
> ❸ 広報誌の配布先を説明したうえで、了解をもらう。

　特に大切なのが、配布先の確認・承諾です。たとえば、配布先が事業者の職員と利用者の家族だけという場合と、公共機関や地域包括支援センターなど地域に広く配布されるという場合では、家族の判断は自ずと異なるでしょう。

プラスワン　漏えい防止のための取り扱いルールをつくる

以下の点でも、個人情報保護のルールを考える必要があります。

■ 面会簿の形式
帳面形式では、すべての利用者への面会者が見えてしまうので、利用者別に面会者の氏名を記入する（1名1枚の面会票を書いてもらう方法も有効）。

■ 利用者の写真掲示などのルール
利用者の写真や作品などを展示する場合は、不特定多数の人が出入りするパブリックスペースを避け、居室フロア（プライベートスペース）に限定する。

 ここがポイント！

本人の不利益にならないことを説明し、記事内容や配布先を伝えて了解を得る

郵送ミスや FAX 誤送信による個人情報の漏えい

事例

　ケアマネジャーのSさんは、介護計画書を違う家族に送ってしまい、家族から「監督不行き届きだ」として謝罪を求められました。

　相談員のTさんは、利用者に関する書類をケアマネジャーにFAXする際に番号を間違えて見ず知らずの人に送信。個人情報の漏えい事故として利用者の家族に謝罪、市の介護保険課にも届け出ることになりました。

　施設長は厳しく注意し、ミスを防ぐ対策を講じるよう呼びかけました。しかし、「職員が個々に注意するしかない」「人がすることなのだからすべては防止できない」などの意見しか出ませんでした。

事故対応時の問題点

➡「ミスは個人の注意不足」という結論になってしまった

　人の起こすミス、つまりヒューマンエラーは職員が個々に注意すれば防げるはずという結論で終わってしまったのは問題でした。ミスが発生するメカニズムをきちんと理解しなければ、防止対策は構築できません。

➡ミスが事故につながらない仕組みを構築できなかった

　重要なのはミスが事故につながらない仕組みをつくることです。

　本事例では「FAX番号を押し間違える」というミスによって、「誤送信による個人情報の漏えい」が起こり、「信用低下」という損害が起きました。このようにミス→事故→損害と分けて考え、ミスの防止対策・事故につなげない対策・事故の損害を軽減する対策という3段階の対策を講じる必要があります。職員がミスをしたときに、それを発見するチェックの仕組みがあれば事故にはつながりません。ミスをした職員を責めるより、ミスがそのまま事故につながる仕組みが問題だと考えなくてはなりません。

改善のポイント

➡ミスが事故につながらない仕組みをつくる

FAX番号の押し間違いを防止するためには、短縮ダイヤルでの使用を義務づけることが有効です。短縮ダイヤル登録時は、必ず2人の職員でチェックします。手入力で送信する際も複数職員で確認しながら送信するようにします。

➡事故が損害を生じさせない対策を

次に、起きた事故の損害を軽減する対策を考えてみましょう。FAXの誤送信に気づいたら、速やかに送信先に連絡を入れて謝罪し、書類を回収する必要があります。送信後のFAX番号チェックが重要です。

また、FAX送信状の右上に「本状に心当たりがない場合は、送信元にご一報いただきますようお願いします」と記しておけば、誤送信の相手が親切であれば、すぐに対応してくれるでしょう。

このような事故防止の仕組みづくりができない事業所は、リスク対策を職員だけに依存しているので、極めて無防備ということになります。

職員のミス	番号を押し間違える	▶	職員のミスを防止する対策
事故発生	文書を誤送信する	▶	ミスが事故につながらない対策
損　害	組織の信用低下	▶	事故が損害につながらない対策

ここがポイント！

2人チェックによるミス防止、FAX送信番号チェックによる損害軽減策などのチェック体制を整える

利用者の顔写真を無断で
ブログに載せて家族が激怒

事例

　ある特養ホームで20歳の女性職員Aが、夜勤中に認知症の利用者の髪の毛にリボンを8つ結び、その様子を撮ってブログにアップしました。記事には「認知症のおばあちゃんは可愛い」と書かれていました。

　ブログの写真を発見した息子さんは激怒して「これは個人情報の漏えいだ。訴訟を起こす」と強く抗議してきました。施設長はこれを虐待行為と判断して市役所に通報し、個人情報の漏えい事故としても事故報告をしました。

　女性職員Aは泣きながら「そんなつもりはなかった」と説明しましたが、悪いことをしたという認識はありませんでした。施設では、女性職員Aを懲戒解雇処分としたうえで賠償金の支払いを申し出ましたが、息子さんは拒否しました。

事故対応時の問題点

➡職員の倫理観が育っていなかった

　判断能力のない認知症の利用者の髪にリボンを付けて写真に撮る行為は、虐待行為と認定される可能性があります。たとえ本人が肉体的・精神的な苦痛を感じていなくても、認知症のある利用者の人格を貶める行為は虐待行為と認定されます。本事例のように、モラル違反で大問題になったときに、その行為を行った本人に重大性の認識がないことはよくあります。職員の倫理観を育てることができていないことが、この施設の問題点でした。

➡センシティブ情報の個人情報漏えいの重大さを理解していなかった

　本事例のように、許可なくブログに認知症のある利用者の写真を掲載するという行為は、個人情報の漏えいに該当しますが、その被害の大きさは健常者と比べて重大です。なぜなら知的なハンディのある人の個人情報は、「プライバシー性の高いセンシティブ情報」に分類されるため、その漏えいは人権侵害とみなされるからです。

改善のポイント

➡不祥事の事例で研修を実施し、職員の倫理観を高める

　重要なことは再発防止です。本事例の施設長は、介護現場で起きている「介護職員の倫理観の欠落による不祥事の事例」を他の施設から集め、これを材料に研修を行いました。コンプライアンス違反事例を挙げ、グループで討議して、何が不適切な行為なのか、何が違反するのかを職員に考えさせたのです。

　実際に倫理研修を行うと、「これがなぜルール違反なんですか？」と疑問を口にする若い職員も少なからずいて驚かされたといいます。「こんなことは当たり前だろう」と決めつけず、「人の尊厳を損なうべからず」をしっかり理解してもらうため、地道に研修を続けていくことが大切です。

プラスワン　これらも職員の倫理観の欠落による不祥事

■ 忘年会で盛り上がり利用者にもカツラをかぶってもらった

　クリスマス行事のアトラクションで、職員が禿げ頭のカツラをかぶったら盛り上がった。盛り上がったついでに、認知症のある男性利用者の頭にカツラをのせたらウケて、職員が自分のスマホで撮影していた。

■ 休憩時間中に同僚と認知症のある利用者の
　悪口を言い合った

　認知症フロアに異動になりストレスが溜まっていたとき、休憩室で仲のよい同期の職員に、「あのバアチャンは頭に来る」と言ったら、同僚が「そうそう、ホントに頭に来る」と賛同してくれた。しばらく、認知症のある利用者の悪口を言い合ったら気分がスッキリした。

ここがポイント！

何が不適切なのかを知り、
職員の倫理観を育てる

友人の電話問い合わせに、個人情報を伝えてクレーム

事例

ある日、特養ホームの事務室に電話がかかってきました。「Yさんの友人でSと言います。Yさんが脳梗塞だと聞いたのですが、どのような状態なのでしょうか?」という内容だったので、応対した事務員が丁寧に答えました。

その後、Yさんの奥さんから「余計なことを話さないでほしかった」と抗議の電話が入りました。施設長は、電話で個人情報を教えてはいけないことを職員に徹底しました。

数日後、別の利用者の息子と名乗る人から電話があり、「父が熱を出したと連絡を受けたが、どうですか?」と尋ねられました。事務員は「利用者の個人情報は一切お答えできないことになっております」と答えたところ、相手は怒ってクレームに発展してしまいました。

事故対応時の問題点

➡本人の許可なく家族以外に病状を伝えてしまった

本事例の場合は、利用者の病状というセンシティブ情報を、本人の許可なく家族以外の人に漏えいしてしまったことが最大の問題でした。病気によって変わってしまった自分の現状を、昔の友人に知られたくないと感じる人もいます。個人情報保護法が施行されて以降、こうした個人情報の管理についてのトラブルが全国で発生しています。施設の職員はこうした情報に関してより高い意識をもつべきでしょう。

➡過剰な個人情報保護に偏り過ぎてしまった

施設長に注意されて以降、過剰な個人情報保護に偏り過ぎてしまったことも問題でした。「電話の問い合わせには一切応じられない」という偏ったルールにすると、日常の家族対応に支障が出てしまいます。

改善のポイント

➡電話対応における個人情報保護ルールをつくる

　利用者のセンシティブ情報を取り扱う介護施設では、個人情報をどのように取り扱い、誰にどこまで教えるかというルールを作成する必要があります。本事例の場合は、「近親者の問い合わせには応じるが、知り合いなどの問い合わせには家族の了解を必要とする」と決めておくべきでした。

　ルールを作成したら、一般的な個人情報保護ルールと同様に、利用者家族の同意を得ることが必要です。文書で示して「異なった対応が必要な方はお申し出ください」と家族に同意を得ましょう。家族により考え方は異なります。希望があった場合は、個別に対応します。

「電話での問い合わせ対応ルール」の例

- 相手の素性を確認する。
  「失礼ですが、ご利用者とはどういったご関係ですか？」
- 相手が兄弟、子、孫であれば、利用者が入居している事実のみ伝える。
- 相手が利用者の生活状況などを聞いてきた場合は、「身元引受人の家族の了解なくお話できない決まりです。申し訳ありませんが、了解を得てから回答させていただきますので、ご連絡先をお教えください」と対応する。
  （身元引受人の連絡先を簡単に教えてはならない）
- 警察や役所など公的機関からの問い合わせに対しても、電話では相手の身分を確認できないので、折り返しの電話にさせてもらう。
- 通帳残高や入院中の病状など、プライバシー性の高い質問には絶対に答えない。

個人情報なので、お教えできません

 ここがポイント！

電話による問い合わせは、誰に、どこまで伝えるかのルールを決めておく

第**3**部

クレーム対応

クレーム対応の基本的な考え方

正しい業務をやっていてもクレームは発生する

　クレームが発生すると「施設側に不適切な対応があったことが原因だ」と考えて、現場の責任を追及しようとする管理者がいます。しかし、この考え方は間違っています。なぜならどんなに正しい業務をやっていても、クレームは発生するからです。クレームは事業者側に落ち度がなくても発生するのです。

　では、なぜ正しい業務をやっていてもクレームが発生するのでしょうか。それは、利用者が誤解したり勘違いしたりするからです。人は誰でも「聞き違い」「見間違い」「勘違い」「思い違い」など、「ちょっとした間違い」をします。特に、介護サービスのクレームは利用者の訴えを聞いた家族が、本人の代わりに言って来るケースが多いのでなおさらです。

　さて、クレームの発生が避けられない以上、発生したクレームに適切に対応して、クレームがトラブルになるのを防がなくてはなりません。クレーム対応の一番大きな課題は、トラブルにしない対応スキルです。

╲ 発生したクレームへの対応方法が問題 ╱

　クレームがトラブルにつながる原因は、2つあります。

> ❶ クレームへの対応スキルが未熟なため、利用者の感情を害してトラブルに発展するケース。言葉遣いや態度など接遇の問題もその一つ
> ❷ 要求内容に対する回答や問題解決の方法が不適切なためにトラブルに発展するケース。たとえば、よく調べないで「対応できるものをできないと答えてしまう」などのケース

　では、どちらがトラブルにつながりやすいかというと、圧倒的に多いのは❶で、8割程度を占めています。つまり、クレームの原因となった現場での出来事とは関係ない、クレーム受付時の対応が不適切なために、トラブルに発展し

てしまうのです。たとえば、クレーム受付時には禁句とされている以下の言葉が、介護の現場ではたくさん使われています。

> ● お客様のクレームの主張に疑義をはさむ
>   ➡ 「ほんとうに○○○だったのですか?」
> ● クレームの原因の真偽を探る
>   ➡ 「なぜそうなったのですか?」
> ● お客様にも非があると暗に言う
>   ➡ 「お客様は気づかれなかったのですか?」

　まずは、クレーム受付の対応マニュアルを整備して、スタートでつまずかないようにしなければなりません。

◈ 問題解決が難しいクレーム ◈

　次に、❷への対応の問題です。介護のクレームは介護保険制度に関わる要求や賠償などの法律が絡む要求が少なくありません。当然、慎重に調べて回答し、問題解決の対応をしなければなりませんが、制度や法律に詳しい職員がその場にいるとは限りません。では、どうすればいいでしょうか。

　トラブル事例とその解決手段が情報として手元にあれば、それを参考にして対応することができるでしょう。つまり、トラブルになりやすいクレームへの対応を情報としてストックしておくことで適切な対応が可能になるのです。

　私たちはこのトラブル情報のストックを「頭の中の引き出し」と呼んでいます。トラブルの事例は自らの施設の過去の記録にありますし、同じ法人内の他の施設で起きたトラブルも共有すれば引き出しが増えていきます。管理者の頭の中にクレーム事例の引き出しがたくさんあれば、難しい問題に突き当たったとき、引き出しを開けて答えを見つけることができるでしょう。

ショートステイ利用直前の体調急変で利用拒否して苦情に

　Sさん（86歳・要介護5）は居宅で訪問介護を利用しながら妻と生活していますが、妻の体調がすぐれないことから、1週間ショートステイを利用することになりました。

　利用開始日の朝、受付で利用申込書の記入前にバイタルチェックをしたところ、呼吸音不良、意識レベル低下、SpO_2低下がわかりました。施設は妻の同意のうえ救急車を要請し、妻に「申込前なのでショートステイはキャンセルさせてください」と伝えて、救急車に同乗してもらいました。

　病院でSさんは「軽い脱水症状で、入院の必要はない」と判断され、自宅に戻りました。妻が再度ショートステイの利用を打診したところ「ショートステイは病院ではないので、著しい体調不良の方は利用できない」と説明を受け、利用を断られました。息子さんは翌日、ショートステイのキャンセルは不当だとして、市に苦情申立を行いました。

クレーム発生の原因はここ！

■ 「申込み前なのでキャンセルする」と伝えた

　ショートステイでは、Sさんの体調不良が申込書を記入する前だったので、契約成立前であると考えてキャンセルが可能と判断しました。しかし、厳密に法律（民法）に照らしてみると、Sさんのショートステイ契約は既に有効に成立しています。Sさんを迎えに行った時点で施設の利用は始まっているので、Sさんの契約を正当な理由なく拒否（キャンセル）したことになりました。

② 利用中の利用者の体調急変を家族任せにした

　Sさんの体調急変は利用中に起きたのですから、施設では看護師が同乗してSさんを救急搬送し、入院に至らなければ施設に連れ帰りショートステイの利用を続けなければなりませんでした。利用中の利用者が体調急変を起こした場合、施設の責任で迅速に病院に搬送する契約上の義務があります。この義務は、入居施設でもショートステイでも変わりません。

トラブルの回避ポイント

■1 「契約成立は利用を引き受けた時点から」と考えて対応する

　ショートステイ利用契約は、家族や担当ケアマネジャーなどが施設に申し込み、施設が了解した時点で成立します。つまり、本事例の「利用申込書の記入前＝契約成立前」という主張は間違っています。

　さらに、自宅に迎えに行ったときから利用開始となるので、Ｓさんが施設に到着してバイタルチェックを受けたときは既にショートステイ利用中なのです。利用中に体調急変が起きたのですから、安全配慮義務がある施設の看護師が責任をもって病院に搬送すべきでした。救急搬送の対応を家族任せにする行為は契約違反であると同時に、運営基準第133条（健康管理）※にも違反することになります。

本事例の流れ

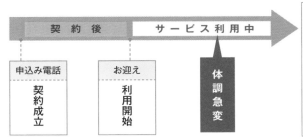

※「指定居宅サービス等の事業の人員、設備及び運営に関する基準」第133条

指定短期入所生活介護事業所の医師及び看護職員は、常に利用者の健康の状況に注意するとともに、健康保持のための適切な措置をとらなければならない。

■2 入院が決定するまではキャンセルできない

　医療保険制度による入院と介護保険制度によるショートステイは重複して利用できないので、入院が決まればショートステイはキャンセルになります。一方で指定短期入所生活介護事業所は、正当な理由なく介護サービスの提供を拒んではならないと運営基準第140条で決まっていますから、施設は入院が決まるまではショートステイをキャンセルできません。

■3 サービス利用中の体調管理は施設側に責任がある

　前述の「運営基準第133条（健康管理）」のとおり、利用者の体調管理は施設側に責任があります。利用中に体調急変が起きれば、施設には適切な対応を行う義務が生じます。施設に看護師が配置されているのは、適切な健康管理と急変対応のためなのです。在宅の利用者や家族への配慮が欠けた対応が目立ちます。在宅サービスの一つとして、居宅での利用者や家族の事情に丁寧に配慮しなければ、トラブルは避けられません。

礼儀を欠いた介護主任の態度に家族が激怒

　ある特養ホームで、職員の初歩的な介助ミスで利用者を転倒させてしまいました。幸い骨折はなく打撲で済みましたが、介護主任と相談員が謝罪と事故の再発防止策を説明するため、息子さん（58歳）に施設まで来てもらうことになりました。

　約束の10分前には息子さんが来所し、相談員の準備も整いました。しかし、介護主任が現れません。10分後にようやく「すみません、入浴介助に入っていたもので」と言いながら、短パンにTシャツ、頭にタオルを巻いた姿で現れました。

　息子さんは「謝罪すると人を呼びつけておいて遅れたうえに、なんだその格好は！」と激怒して帰ってしまいました。息子さんは翌日、施設長だけでなく、理事長にも電話を入れて、「あんな礼儀知らずの人を主任にした経営者の責任だ」と、理事長の経営責任にまで話が及びました。

クレーム発生の原因はここ！

■1 謝罪の場の最低限のマナーができていなかった

　息子さんが激怒したのは、事故の謝罪という、最も接遇が重んじられる場面で、主任という役職者でありながら、社会人として最低限のマナーができていなかったためです。

■2 役職者に接遇の基本が欠けていることに気づかず放置した

　なぜ、介護主任に社会人としての基本的なマナーが備わっていなかったのでしょうか。理由は一つ。学校で教わらず、職場でも教わらなかったからです。役職者に限らず、看護師や理学療法士（PT）、作業療法士（OT）などの職種でも同じ状態かもしれません。このまま放置していたら、この施設ではまた同じトラブルが起こることでしょう。

トラブルの回避ポイント

1 謝罪をする際は相手先に出向く

謝罪の場面での職員の非礼は、事故自体に大きな問題がなくても、大きなトラブルに発展する可能性があります。どんな業種でも、自らの落ち度でお客様に迷惑をかけて謝罪をするときは、相手先に出向くのが基本です。なぜ、職員のミスで起こった事故を謝罪する際に、家族を施設に呼びつけたのでしょうか。基本から考え直すべきです。

2 相談員が中心となって事前に打ち合わせを行っておく

介護施設において、家族対応の機会がもっとも多いのは相談員です。そのため、相談員にはマナーや接遇のスキルが求められ、その向上のために外部研修を受講させている施設もあります。

本事例の施設はマナーに対する認識が全体的に甘いのですから、相談員が介護主任に対して相談室に入る時刻や服装などについて事前に助言し、綿密な打ち合わせを行って対応するべきでした。

3 全職員にマナーの基本が身につく職場の取り組みを

相談員が外部研修を受けるより、介護現場の介護職の接遇スキルを底上げする努力のほうが効果があります。接遇は頭で理解しても、訓練しなければ身につかないので、単発的な研修ではなく、職場で継続して取り組む訓練が必要です。

介護職は、接遇のプロである必要はありませんから、厳格なお辞儀の方法を学ぶより、社会人として最低限のマナーを身につけることで十分です。朝礼の際に言葉遣いの練習をする、謝罪方法のマニュアルをつくるなどから始めるとよいでしょう。

大変申し訳ございません

大変申し訳ございません

認知症のある利用者の
入れ歯の管理方法でトラブルに

　認知症のあるMさん（92歳女性・要介護3）がショートステイ利用中、昼食前に職員がMさんの居室を訪れると、ベッドに横たわっているMさんの胸の上にヒビの入った入れ歯がありました。朝食後の口腔ケア時には異常はなかったので、午前の臥床時に破損した可能性がありますが、いつ破損したのかはわかりません。本人が「入れ歯をつけたまま寝たい」とはっきり意思表示をしているため、無理に預かることはできませんでした。

　家族に連絡すると、破損具合を気にしています。「入れ歯をつけたままで寝ておられるのでここにはありません」と説明すると、「就寝時も消毒をせず入れたままにしておくのはよくないのではないか。ショートステイ利用中に破損したのだから、そちらで弁償して修理してほしい」と強く抗議されました。

　認知症はあるとされながらも本人から明確な意思表示がある場合、それを無視していいのか。また、ショートステイ利用中の入れ歯の管理と責任の所在について、施設長は頭を抱えてしまいました。

クレーム発生の原因はここ！

▨ 入れ歯の管理について、家族と事前に話し合いができていなかった

　本事例で家族が不信感を抱いてしまった理由は、「入れ歯が破損してしまったこと」に加えて、「入れ歯の管理方法が、家族の考えていた方法と違った点」にあります。睡眠時の入れ歯の装着の是非は、利用者の健康状態や使用している入れ歯によって異なります。こうした情報を共有し、管理方法について事前に話し合いができていなかったことが問題でした。

▨ 所持品の破損・紛失に対する施設の責任を明確にしていなかった

　ショートステイ利用者の所持品取り扱いルールを定め、破損や紛失した場合の施設の管理責任を明確に取り決めていなかったことが、行き違いの原因です。入れ歯の破損報告と合わせて、施設の責任規定を丁寧に説明するべきでした。

トラブルの回避ポイント

1 入れ歯の取り扱い方法を丁寧に説明して合意を得る

　総入れ歯の場合、外した状態で臥床すると舌の位置が不安定になって舌根沈下を起こすことがあります。舌根沈下を起こすと低酸素脳症になり、せん妄が出ることがあるので注意が必要です。また、歩行ができる利用者が総入れ歯を外すと、歩行が不安定になり転倒事故の原因にもなります。入れ歯の保管だけではなく、入れ歯を外すことの生活への影響についても、家族に対して丁寧な説明が必要です。

2 利用者の所持品の破損・紛失事故への対応を明確に決める

　ショートステイなどの利用者の所持品が破損や紛失した場合の、施設の管理責任は概ね以下のとおりです。

●所持品の破損・紛失に対する施設の責任

責任が発生しない場合	認知症のない利用者で所持品の管理能力がある
	所持品を預かることが不適切または不可能（補聴器など）
	所持品の劣化や消耗で自然に破損した

責任が発生する場合	保管しなければ破損の危険が明らかな所持品を預からなかった
	破損の危険があるため保管することを家族と約束した所持品の保管を忘れた
	保管中の利用者の所持品を施設の過失で破損した
	介助中に破損する危険がある所持品を外さないで介助した
	洗濯や清掃時に誤って利用者の所持品を破損した
	施設に持ち込むべきでない所持品を職員の過失で破損・紛失した

※高額のアクセサリーや現金など、施設に持ち込まないよう注意喚起をしている場合でも、施設の過失で破損・紛失すれば責任は問われます。

プラスワン　所持品の紛失への対応上の留意点

　状況が不明でも、利用者が所持していたことが確認されれば、施設内で紛失した可能性が高いので、ルールに従って対応する必要があります。

　ただし、施設の過失で紛失したケース以外は賠償責任は発生しませんから、安易に家族の賠償請求に応じる必要はありません。高額の所持品であれば、警察に遺失物届を出して一定時間経過した後、保険金請求するという方法がトラブル回避には妥当な対応でしょう。

ある職員が虐待しているという匿名の告発メール

　介護付き有料老人ホームのホームページにある「お問い合わせメール」にクレームが送られてきました。ある職員を名指しで、利用者への5件の暴言が直接話法で長文で記述されていました。メールの終わりには「この職員による虐待を改善せよ。証拠があるので公表する用意がある」とあります。発信者は山田花子となっていますが、家族に該当者はいません。

　施設ではすぐに調査を開始しましたが、告発者はわからず、施設長にも心当たりがありませんでした。また、名指しされた職員は虐待を強固に否定しました。半月ほど調査しましたが、虐待の事実も特定できないため、「匿名の告発では対応のしようがない」として、そのままになりました。

　その後、市役所に録音データを添付した虐待通報が送られ、SNSでも施設が実名で書き込まれて、法人は大きなダメージを受けました。

クレーム発生の原因はここ！

１ 匿名であることを理由に「信憑性のない訴え」と判断した

　申立者が匿名なので、申立者に詳しい事実確認を行うことはできません。告発内容が事実でないことが明白であれば、一切の対応は不要で無視してかまいません。

　しかし、「事実でない」と判断する理由が「匿名だから」というのは非常に危険で、本事例のような事態に発展してしまうことも考えられます。

２ 本人が否定したことを理由に、具体的な対応をとらなかった

　虐待の嫌疑など、職員の不正を疑うクレームがあったときの職員本人への事実確認は意味がありません。なぜなら、刑事処分の可能性がある不正行為に対して、事実を話す職員は少ないからです。

トラブルの回避ポイント

1 告発内容が事実かどうかを経営者が判断する

　匿名のクレームへの対応で重要なことは、それが事実かどうかを経営者自身が判断することです。クレーム内容と職員への調査からクレームが事実である可能性が高い場合は、役員会で公正に決定し、改善の対応をしなくてはなりません。

　本事例の場合、暴言が直接話法で長文で書かれていますから、「録音した音声を元に書かれており、告発内容は事実である可能性が高い」と判断してよいでしょう。

2 証拠がない状態での対応は3つに分けて行う

　証拠がない場合は、本人を懲戒処分にしたり、虐待通報するわけにはいきません。「本人」「施設」「告発者」と対応を3つに分けて、それぞれに行う必要があります。

本人に対して

「"あなたの言動が虐待に該当する" という匿名のクレームがあり、法人としては事実である可能性が高いと判断しました。しかし、証拠があるわけではないので一切処分はありません」と事実を伝えます。配置転換を行う場合は、「業務の都合による配置転換（人事異動）」として対応します。

**役員会の
正式決定**

施設内に対して

職員名を伏せるなど、名指しされた職員に不利益がないように配慮したうえで、施設の掲示板に謝罪文を貼り出します。謝罪文は「職員の言動が不適切であるとご家族からご指摘をいただきましたので、謝罪申し上げます。施設として対応しましたことをここに報告いたします」と、できる限り具体的な改善内容を明記します。

告発者に対して

メールアドレスに返信ができるなど、何かしらのコンタクトがとれる場合は、「調査を行った結果、告発メールが事実である可能性が高いと施設で正式に判断したこと」と、「改善した内容」を報告し、謝罪します。

ショートステイの職員から暴言を吐かれたというクレーム

Ｋさん（83歳）は、軽度の認知症のある難聴気味の女性です。初回のショートステイ利用後、キーパーソンの娘さんが相談員に「大事な話がある」と言って来所しました。

ショートステイから戻ったＫさんが「職員からひどいことを言われたので、もう行かない」と言うので、理由を尋ねたところ、昼食時に「グズグズしないで早く食べなさい」と怒鳴られたというのです。娘さんは「そんな暴言を吐く職員は許せない。虐待ではないか。きちんと調べてその職員を処罰して欲しい」と言います。

相談員は信じ難い気持ちでしたが、「それは申し訳ありません。すぐに調べてご報告します」と約束しました。管理者に報告した後、昼食の介助に当たった職員を呼んで一人ひとり確認しましたが、該当する職員は確認できませんでした。

相談員は、Ｋさんの娘さんに「職員を調査しましたが、暴言を吐いた事実は確認できませんでした」と報告しました。娘さんは「隠さないで欲しい。でなければ安心して母を預けられない」と感情的になり、納得しない様子です。

クレーム発生の原因はここ！

❶ 聞き取り調査を行ったのが相談員だった

このようなケースでは、どの施設でも「職員への聞き取り調査を行おう」と考えます。しかし、たとえ身に覚えがあっても「私がやりました」と手を挙げる職員はいるはずがないので、あまり意味がありません。また、こうした重大クレームには、責任をもって管理者が直接調査を行う必要があります。

❷ 「誤解の可能性」に思い至らなかった

施設で発生する家族からのクレームの８割以上が、利用者からの伝聞を根拠にしたクレームであり、その多くは利用者の誤解によって発生しています。

誤解の可能性も視野に入れて聞き取り調査をすべきでした。

トラブルの回避ポイント

① 管理者が調査し、家族に説明する

　家族から職員の言動に対するクレームがあったことを全職員に話したうえで、「利用者の訴えと異なっても、類似する心当たりがあったり、見かけたりした場合、管理者に直接申し出てください」と伝えます。そして相談員任せにせず、管理者が必要な調査をして最終的な判断を行い、家族に報告をします。

② 誤解の可能性を視野に入れて調べる

　「聞き違い」「思い違い」「記憶違い」などの誤解による訴えの可能性があるので、「虐待事件」と頭ごなしに決めつけず、「何かを勘違いしたのではないか」という視点をもちながら調べる必要があります。

　本事例の場合は、管理者自身が食事介助の場面を3日間にわたって観察して、60代のパートの女性職員が馴染みの利用者に親しく話しかける場面を発見しました。管理者が尋ねると、「馴染みの利用者で、食事中に冗談ばかり言って来る人がいるので、『も〜、こっちは忙しいんだから、グズグズしていないで早く食べなさいよ』と言ったことがある。その利

用者は大笑いしていたが、耳が遠いKさんは自分に言われたと勘違いしたのだろう。悪いことをしてしまった」とのことです。時期もクレームの発生した時期と一致しています。

　娘さんに報告すると、「これでまたショートに行ってくれる。安心した」と喜んでくれました。

　深刻な内容のクレームが発生すると、施設側は責められていると構えてしまうため、家族も対決姿勢になって感情的にこじれがちです。しかし、調べてみると、現場の職員と利用者の関係はもっとおおらかであったりします。

　娘さんも「母にもそんな馴染みの職員さんができるといいのに……」と言って、帰られたそうです。

居室に見守りカメラを
設置したいと希望する家族

認知症のあるMさん（78歳・男性）は息子さんが転勤になるのを機に、介護付き有料老人ホームに入居することになりました。ＩＴ企業に勤めている息子さんは入居時に、「仕事が忙しく、なかなか面会に来られないので、スマホ連動の見守りカメラを居室に設置したい」と言い、パンフレットを持参して「置いておくだけで居室内の様子をスマホで常時見られるうえ、録画もできるので安心だ」と機器について詳しく説明しました。

相談員は「検討させて欲しい」と言って持ち帰り、施設長に相談しました。施設長は「勝手に監視カメラなど設置できるわけがない。個人情報保護の問題もある」と、カメラの設置を断りました。

息子さんに伝えると、「自宅に安否確認のカメラを付けるのは問題ないはずだ。今時どこの家でも監視カメラを付けて録画もしている」と主張します。再度息子さんの意向を施設長に伝えましたが、施設長の答えは同じでした。

息子さんは、「子どもが親を見守りたいと言っているのに、なぜ拒否するんだ。法的にも問題はないはずだ、弁護士に相談する」と強硬です。

クレーム発生の原因はここ！

1 カメラの設置は法的に問題ないかを検討しないで拒否した

入居時にいきなりカメラの設置を希望されると、施設の介護に不信感をもたれているようで、気持ちのよいものではありません。しかし、何の検討もしないで拒否すると、本事例のようにトラブルになってしまいます。

2 施設で生活することとカメラ設置に関わるリスクを説明しなかった

カメラを居室に設置することは、設置する家族にもさまざまなリスクが発生します。一方的に設置を拒否するのではなく、これらのリスクを家族に説明して思いとどまってもらう必要がありました。

トラブルの回避ポイント

1 カメラの設置は法的に可能か？

本事例の要求は、契約上は拒否できません。その根拠は次のとおりです。

介護付き有料老人ホームの多くが利用権方式であり、利用者は居室に対して一定の権利をもっている

→

入居者は事業者の許可なく「目的施設の増築・改築・移転・改造・模様替え、居室の造作の改造、敷地内に工作物を設置する」行為はできない（全国有料老人ホーム協会作成「標準契約書モデル」20条の2）。

→

置くだけのものは工事を伴わないので、工作物にはならない

→

法的結論

カメラを居室に置くのは問題ない

2 設置は可能だが、設置者にもリスクが

複数の人が共同生活を送る介護施設にカメラを設置する場合、設置する家族にも次のようなリスクが発生します。きちんと説明し、理解を求めます。

盗撮！？

リスク1：プライバシー（肖像権）の侵害

カメラには、当然Mさん以外の介護職員や面会者の姿も映ります。本人の了解なく他人の容姿を撮影することは、プライバシーの侵害で不法行為ですから、撮影者は賠償請求される可能性があります。これを逃れるためには置主である息子さんから、各職員や容姿が映る可能性のある他の利用者に了解を求めることが必要です。

リスク2：データ流出

動画のデータは容量が大きいので通信事業者のサーバーなどに保管されることになります。Mさん以外の人の動画データが流出すれば、個人情報の漏えいになり、これも賠償問題に発展しかねません。

リスク3：周囲の人の感情

居室に監視カメラがあることに職員はプレッシャーを感じるでしょうし、冗談を言って笑わせることも誤解を招きそうでやめてしまうかもしれません。撮影されていると思えば、他の利用者の足も遠退くでしょう。利用者の生活への影響も忘れてはいけません。

家族間の対立が原因の 面会制限でトラブルに

　Aさん（90歳・男性）が特養ホームに入居する際、キーパーソンの長男から、「弟と妹は父の介護に協力しないので、面会に来ても会わせないで欲しい」と依頼され、施設はこれを了解しました。数週間後に弟が訪ねてきて、Aさんとの面会を希望しましたが、「お兄さんから会わせないようにと言われている」と面会を断りました。

　さらに数日後、弟と妹がやってきて「兄は父の資産や年金を自分のものにしている。父にそのことを伝えなければならない」と面会を要求しました。Aさんに確認したところ、「会いたいけれど、長男に禁止されているので会えない」とのことだったので、施設は再度断りました。

　弟と妹は市に対して「子が父と会う権利を侵害しており、面会制限は不当である」と苦情申立を行い、クレームになってしまいました。

クレーム発生の原因はここ！

１ 「弟と妹には会わせないで」という長男の要求を受け入れてしまった

　「会わせないで」と要望された対象者が施設に来た場合、トラブルになるのは必至です。介護サービスなど施設業務以外の問題で、家族の合意形成ができていなかったことが問題でした。

２ 長男による経済的虐待の疑いがあるのに放置した

　「兄は父の財産を自分の自由にしている」と発言していることに、施設としてはもっと注意する必要がありました。

※1 感染症の予防及び感染症の患者に対する医療に関する法律
※2 精神保健及び精神障害者福祉に関する法律
※3 高齢者に対する虐待の防止、高齢者の養護者に対する支援等に関する法律

トラブルの回避ポイント

1 面会を制限できる条件を知る

　私たちは基本的人権の下で人と面会する自由を保障されています。感染症法[※1]や精神保健福祉法[※2]などでの例外措置を除き、この権利を制限されることはありません。つまり、たとえ身元引受人の要求であっても、正当な理由なく利用者の面会を制限することはできないのです。

　長男から面会制限の依頼を受けたときに、施設は原則利用者の面会を制限できないことを、きちんと説明する必要がありました。

　面会したい側と、面会させたくない側の間に入って、どちらの言い分が正しいかを決めることは、施設の仕事ではありません。家族同士で解決してもらうことが必要です。

　面会の自由を制限できる主なケースは、下の表のとおりです。また、高齢者施設の管理者の権限で入居者の面会を制限できるのは、高齢者虐待防止法[※3]第13条における「虐待を行った養護者」だけです。

面会することを制限できるケース（主なもの）

	面会を制限できるケース	備考
1	医師の判断で療養上・診療上必要と判断された場合	面会謝絶など
2	感染症法に定められた感染症の罹患による場合	診断が確定してない時点では隔離はできない
3	高齢者虐待防止法やＤＶ防止法で、面会制限の措置や家裁の接近禁止命令を受けている者	
4	精神保健福祉法における精神患者への医療・保護の限度において、医師の判断で面会を制限される場合	信書の発受と人権擁護行政機関の職員との電話と面会はいかなる場合でも制限できない
5	拘留中または拘置中の被疑者などが外部の人や弁護士と面会する場合	

2 施設は虐待の通報義務を負っている

　親の資産を子どもが不当に処分する行為は、高齢者虐待防止法第2条第4項第2号の経済的虐待[※4]に該当します。施設には通報義務がありますから、もし、弟妹の言うとおり、長男がＡさんの資産を不当に独占しているのであれば、たとえ疑いだけであっても見過ごしてはいけません。

[※4] 高齢者虐待防止法第2条第4項第2号「養護者又は高齢者の親族が当該高齢者の財産を不当に処分することその他当該高齢者から不当に財産上の利益を得ること」

クリスマス会で現金を盗まれたと職員を疑う家族

デイサービスがクリスマス会を行っている最中、利用者Hさんの娘さんが「バッグに入れていた5万円がなくなった」と言ってきました。さらに「犯人は職員かもしれない。さっきバッグの近くをウロウロしていた」とも言います。施設長がバッグや財布などを見せてもらうと、確かにお金はなくなっていました。

翌日、施設長は娘さんの訴えを説明した後、当日フロアにいた職員に聞き取り調査をしました。職員はみんな心当たりがないとのことだったので、施設長は娘さんに「聞き取り調査をしたがわかりませんでした」と報告しました。しかし、娘さんは「施設で起きたのだから施設に責任がある」と主張してクレームになったため、仕方なく、施設は5万円を支払いました。

クレーム発生の原因はここ！

1 盗難の疑いを公にしないで内部で処理しようとした

盗難の訴えを不祥事が発生したかのように考えて、警察に届け出ることなく内部で処理しようとしたことがクレーム発生の原因です。多くの施設で適切な対応ができず、本事例のような混乱が生じています。

2 職員への調査を行ったことで、家族の責任追及が加速した

不正行為という証拠はないのに、職員に聞き取り調査をしたということは、職員の行いであると認めたことになります。利用者や他の家族や外部からの侵入者の可能性もあるのですから、職員による不正と決めつけたことは問題でした。

施設が聞き取り調査をしたことで、家族は「施設に責任がある」という主張がしやすくなったのです。

お金を盗まれた！！

トラブルの回避ポイント

① 警察に届け出て捜査に協力する

施設は利用者や面会に来ている家族の持ち物に対して、管理責任はありません。盗難事件として警察に被害届けを出してもらい、中立な立場で捜査に協力すればよいのです。対応のポイントは次の通りです。

対応のポイント

❶ 被害状況の確認：被害が起きた場所や時刻、被害状況や金額などを被害者から聞いて記録する。

➡事実をありのままに記録することで、後に施設が公正な対応をしていることを主張できる。

❷ 警察への届け出を勧める：盗難事件は犯罪なので警察への被害届けを勧める。

➡現金の盗難は窃盗という犯罪なので、施設では捜査できないと説明する。また、警察に届け出を行うことで、家族の早合点や思い込みによる訴えなどを自重させることもできる。

❸ 警察の協力：被害状況の記録、防犯ビデオの映像、職員の事情聴取など警察の捜査に協力する。

➡警察の捜査が始まれば全面的に捜査に協力する。

❹ 職員への対応：事情聴取などの警察の捜査への協力を要請し、不要な詮索をしないよう徹底する。

➡職員が動揺してお互いに疑心暗鬼にならないように配慮する。

❺ 警察への対応：業務上の資料は提出して協力するが、職員の身上情報などは提出する必要はない。

➡警察への協力は大切だが、職員のプライバシーにも配慮が必要。

❻ 被害者への対応：警察の捜査への対応もあり被害の補償などはできないことを説明する。

➡犯罪の被害を施設が補償することはできないこともきちんと説明しておく。

 詳細なマニュアル例は資料編を参照してください。

救急搬送したら、「延命処置をされた」と苦情申立

　M特養ホームは看取り介護に力を入れている施設です。93歳で入居したHさんの家族も「母が逝くときには延命処置をせずに静かに看取りたい」と、施設での看取りを希望しました。施設は、看取り体制について説明し、同意書に印鑑をもらいました。Hさんは、脳梗塞による重い全身マヒがあり、胃ろうでほとんど寝たきりですが、意思疎通が可能で、体調は安定していました。

　4か月後、Hさんは2日ほど微熱が続いた後、突然夜間に急変、喘鳴とSpO$_2$の低下が顕著だったため、看護師の判断で病院に救急搬送しました。家族は相談員に「延命処置はしないと約束したのになぜ病院に入れたんだ」と強く抗議しました。Hさんは急性肺炎と診断され、必要な医療処置が行われましたが、1週間後に亡くなりました。家族は「施設で看取るはずだったのに約束が違う」と市に苦情申立を行いました。

クレーム発生の原因はここ！

■「看取り介護」の意味がきちんと説明されていなかった

　施設の説明不足が原因で、体調急変による救急救命処置を延命処置と家族が誤解したために生じたトラブルです。「施設での看取り介護」とは、終末期[※1]に至った場合、臨終と臨終に至るまでのケアを施設で行うことを意味しますが、Hさんは終末期ではありませんから、体調が急変し生命の危険があれば、医療機関への救急搬送するのは当然のことなのです。施設は看取りの経験がない家族に、どのような場合が終末期（ターミナル）に該当するかという基本的なこともしっかり説明する必要がありました。

※1一般的には老衰や病気などにより死を回避する方法がなく余命が3か月以内程度と医師が判断した状態

トラブルの回避ポイント

1 「終末期」について丁寧に説明する

　施設での看取り介護を希望する家族のほとんどは、「回復の見込みがないにもかかわらず病院で無駄な延命処置をされたくない」と考えています。しかし、すべての高齢者が老衰によって緩やかで自然な生命活動の低下によって死に至るわけではありません。多くの高齢者は事故や病状の悪化、原因不明の体調急変などで死に至りますから、生活行為や意思表示がある利用者が急変すれば救急搬送するのは当然なのです。

　家族は、看取りの経験がほとんどないのですから、終末期の定義、終末期における医療のあり方や延命治療の拒否について家族に丁寧に説明し、施設職員や看護師、家族で意思を共有しておかなければなりません。

　ある特養ホームでは、看取りを終えた家族が自分たちの経験を話す場を設けています。終末期を迎えようとしている利用者の家族にとって同じ家族としての経験談は何より有用な情報になるようです。

プラスワン　救命措置と延命治療の混同で起きたトラブル

　デイサービスの利用者Bさんの息子さんが、利用開始時に「母は延命治療を放棄するという意思表示をしている」と言ってリビングウィル（尊厳死宣言書）を見せました。

　ある日、Bさんが突然意識混濁を起こしたので、看護師の判断で病院に救急搬送しました。迅速な搬送で一命を取りとめましたが、息子さんは所長に「延命治療を放棄しているのになぜ救急車を呼んだのか？　勝手に搬送したのだから治療費はそちらで支払うべきだ」と抗議してきました。

　所長は、「延命治療の放棄とは、意識や自発動作などがなく回復の見込みがない状況になったとき、延命だけを目的とする治療を拒否するものです。Bさんは意思も生活行為もしっかりしている人ですから、生命の危険が迫っている病変だと判断すれば救命処置を取らなければなりません。これは法令[※2]で定められていることです」と説明して、息子さんははじめて、延命治療の意味を理解することができました。

なぜ救急車を呼んだのか！

延命治療の放棄とは～

※2 指定居宅サービス等の事業の人員、設備及び運営に関する基準

資料編

現場でつくったツールを集めました。
あなたの現場で活かしてください。

転倒防止に関するご協力のお願い

　　完全に防止することのできない転倒・転落事故のリスクは、家族と共有しましょう。あらかじめ、
施設の取り組みを示し、家族に理解と協力をお願いするのです。

　　ある施設が作成した家族への協力依頼の手紙とパンフレットを紹介します。参考にしてください。

入居者様のご家族のみなさまへ

○○特別養護老人ホーム
施設長　○○○○

入居者様の転倒防止に関するご協力のお願い

　　平素は当施設の運営につき格別のご高配を賜り厚く御礼申し上げます。病気や障害などで歩行に支障がない入居者様でも、入居者様の施設での生活上の転倒事故（介助中ややリハビリ以外の生活場面で発生する転倒事故）により重大なケガを負うケースが増えております。転倒事故により骨折などのケガを負うと、その後の生活に重大な支障が出たり、大きな障害の場合には寝たきりの原因になることもあります。

　　そこで当施設では、個々の入居者様ごとの転倒事故の危険要因を分析することによって、きめ細かくその防止対策の対応を行っております。具体的には、転倒の危険が高い入居者様には、トイレに行く時にナースコールで介護職員を呼んでいただき、見守りや付き添い歩行介助などの対応をさせていただいております。

　　しかし、入居者様ご自身がご自分の転倒の危険をご理解いただき、転倒の防止に努めていただかなければ事故を防ぐことはできません。ご家族様にも様々な転倒の要因についてご理解いただき、入居者様に注意喚起をいただくなどご協力を賜りたくお願い申し上げます。特に認知症や健忘のある入居者様の転倒事故の防止には、家族様のご理解とご協力が不可欠です。別紙パンフレットをご参照の上、入居者様に転倒の危険が高い場合には、事前に介護職員にご相談いただきますようよろしくお願い申し上げます。

私たち介護職員は、入居者様の転倒防止に取り組んでいます
ご家族のみなさまもご協力をお願いします

ひとりでトイレに行って転倒するケース

施設内の転倒事故で多発しているのがひとりでトイレに行こうとして転倒するケースです。特に夜間や早朝は完全に覚醒していないため転倒しやすく危険です。

トイレに行く時はナースコールで介護職員を呼んでいただくようお願いしています。転倒の危険の少ないポータブルトイレや尿器の使用もお勧めします。

●ご家族様へのお願い
介護職員に対する遠慮からご自分でトイレに行こうとする入居者様がいらっしゃいますので、ご家族から遠慮しないで介護職員を呼ぶようにお話し下さい。

入所後間もない時期に転倒するケース

入所したばかりの時期は、施設の環境に慣れないため転倒の危険が高くなります。また、居宅との生活環境の急激な変化から転倒が多くなる入居者様も居られます。

どなたでも慣れない環境では事故の危険が高くなりますが、認知症の入居者様は環境変化に対応できずに転倒します。入所当初は歩行できる入居者様にも付き添いなどをさせていただきます。

●ご家族様へのお願い
入所されてしばらくは、ご家族からも歩行やベッド上の動作に対して注意を喚起して下さい。また、自宅で安全に歩行できた方でもしばらくの間は自重されるようお話し下さい。

認知症のある入居者様のケース

認知症や健忘のある入居者様は、ご自分の転倒の危険を忘れてひとりで歩いて転倒してしまいます。防止することが最も難しいケースです。

ベッド上の動作を知らせる"センサーコール"を設置して、介護職員が病室に急行させていただきます。また、大腿骨の保護パッドが付いた下着などの着用をお勧めしています。

●ご家族様へのお願い
認知症や健忘があり転倒などの危険を忘れてしまう入居者様には、ご家族のご協力が欠かせません。転倒防止と同時に転倒した時のケガの防止についてもご協力下さい。

歩行補助具を使用していて転倒するケース

杖や歩行器など歩行に補助具を使用しても、必ず転倒を防げる訳ではありません。補助具を過信して補助具ごと転倒するケースも多いのです。

歩行補助具を過信せず移動をする時には、介護職員に声をかけていただくようお話ししています。また、補助具が入居者様に合わない場合は専門家が助言させていただきます。

●ご家族様へのお願い
歩行補助具があっても転倒する危険が高いことをご家族から入居者様にお話し下さい。歩行補助具を使用しても転倒するケースなど、用具に疑問がある場合は、お気軽にご相談ください。

服薬の影響で転倒するケース

糖尿病や高血圧症などの持病の薬が原因で転倒しやすくなったり、精神安定剤や睡眠薬もふらつきが出て転倒につながることがあります。

転倒の原因となりやすい薬を服用されている場合は、入院時にご相談させていただき服薬を調整させていただくこともあります。

●ご家族様へのお願い
転倒の危険が高くなる薬を服用されて場合は、ご相談させていただきますのでご協力下さい。また、服薬の影響が出やすい時間帯などには、ご家族様から注意を促して下さい。

ベッドからの立ち上がりで転倒するケース

入居者様のベッドは高さが変えられるものがあります。ベッドから立ち上がろうとした時、ベッドの高さが高すぎても低すぎても転倒の原因となります。

ケアのためにベッドの高さを変えた時には、入居者様に合った高さに戻すようにしています。また、車椅子への移乗などの前にも立ち上がりやすい高さであるか確認をしています。

●ご家族様へのお願い
ベッドからの立ち上がり時の転倒を防ぐため、家族からもベッドの高さにご注意をお願いします。また、面会時にベッドの高さを変えた時は、必ず元の位置にお戻し下さい。

転倒事故の原因となる処方薬一覧

　　転倒・転落の原因が服用している薬の副作用という場合もあります。副作用の少ない薬に変更してもらうことで、転倒・転落のリスクを小さくすることができます。利用者が服用している薬を家族と共有するためのパンフレットをご紹介します。参考にしてください。

ご利用者・ご家族のみなさまへ

転倒事故の原因となる処方薬にご注意ください！

厚生労働省の研究事業や日本老年医学会によれば、高齢者の転倒事故や誤えん事故が服薬の影響によって起きていると指摘されています。転倒事故は寝たきりになるなど高齢者の生活に障害をもたらし、誤えん事故は生命の危険に直結する事故です。
できる限り副作用の少ない薬を服用することで、転倒の危険を少しでも減らすことができます。お医者様にご相談の上、転倒や誤えん事故の防止にご協力いただきたくお願いいたします。

こんな薬を飲んでいたらチェックしてもらいましょう

■転倒の危険につながる主な処方薬

薬の種類		転倒のリスクを高める副作用	主な薬名
血圧降下剤	Ca拮抗薬	失神、起立性低血圧、めまい	ノルバスク、アムロジン、アダラート、
	α遮断薬	失神、起立性低血圧、めまい	ミニプレス、カルデナリン
	β遮断薬	失神、起立性低血圧、めまい	インデラル、セロケン、テノーミン
	ACE阻害薬	失神、起立性低血圧、めまい	カプトプリル、レニベース、
	ループ利尿薬	失神、起立性低血圧、めまい	ダイアート、ルプラック、ラシックス
血糖降下剤		めまい、ふらつき	メトグルコ、グリベンクラミド
抗認知症薬		めまい、ふらつき	アリセプト
筋弛緩薬		脱力、筋緊張低下	アロフト、ミオナール、エスラックス
抗うつ薬		眠気、ふらつき、集中力・注意力低下、めまい、	デプロメール、パキシル、トレドミン、サインバルタ
抗精神病薬		ふらつき、注意力低下、失神、起立性低血圧、めまい、	リスパダール、セロクエル、ジプレキサ
抗パーキンソン薬		せん妄	アキネトン、カルコーパ、トリヘキシン
ベンゾジアゼピン系抗不安薬・睡眠薬		脱力、筋緊張低下、眠気、ふらつき、集中力・注意力低下	デパス、レキソタン、セルシン、エリスパン
		脱力、筋緊張低下、眠気、ふらつき、集中力・注意力低下	ロヒプノール、ベンザリン、エリミン、ダルメート

※上記の薬が全ての利用者に副作用を生じさせるわけではありません。
※上記の薬を服用していても直ちに中止せず、必ずかかりつけの医師にご相談下さい。

■参考文献
「高齢者が気を付けたい多すぎる薬と副作用」日本老年医学会・日本老年薬学会
「かかりつけ医のためのBPSDに対応する向精神薬使用ガイドライン」厚生労働省
「高齢者の安全な薬物療法ガイドライン2015（日本老年医学会）
「高齢者において疾患・病態によらず一般に使用を避けることが望ましい薬剤」国立保健医療科学院

私たち職員は利用者様の転倒防止に取り組んでいます

特別養護老人ホーム〇〇苑

担当　〇〇　TEL

センサーマットの設置希望についてのお願い

転倒防止のために、センサーマット（コール）を希望される家族がいますが、その効果は限定的なものです。ある施設では、センサーマットを希望される家族に、あらかじめパンフレットを渡して、理解を求めています。参考にしてください。

ショートステイご利用者のご家族のみなさまへ

センサーマットの設置をご希望されるご家族へのお願い

平素は当ショートステイをご利用いただき誠にありがとうございます。ショートステイでは、夜間など居室で歩かれて転倒する危険が極めて高い利用者様に、センサーマットを設置することがあります。センサーマットとは、ご利用者がベッドから立ち上がり、ベッド脇のマットに足を着いた時にセンサーが反応して、職員にアラームで知らせる装置です。転倒防止につながるケースもありますが、立ち上がってからアラームが鳴るため、駆けつけても転倒を防げることはあまり多くありません。

ですから、センサーマット設置のメリットは、転倒が発生した直後に迅速な応急対応を行うことになります。夜勤帯など職員の人数は限られていますから、センサーが鳴ってもすぐに対応できないケースもありますし、その効果は限定的ですのでご理解を賜りたくお願い申し上げます。

センサーマットへの対応についてご理解下さい。

■他の利用者の介助中は対応できません。
センサーを設置した居室の利用者がベッドから立ち上がり、センサーが鳴っても他の利用者の介助中の場合は、すぐに駆けつけられませんのでご了解ください。

■立ち上がった利用者をベッドに押し戻すことはできません。
センサーが鳴り職員が居室に駆けつけた時、ご利用者が立ち上がっていたとしても、「危ないから」とベッドに押し戻すことはできません。利用者の動作の自由を抑制することはできないからです。

■ナースコールへの対応を優先します。
センサーとナースコールが同時に鳴った場合、ナースコールへの対応を優先させていただきます。病院と同様にナースコールへの対応は最優先で行わなければならないからです。

■対応が間に合わず転倒してしまうことがあります。
センサーはご利用者が立ち上がってマットを踏んだ時になりますから、すぐに駆けつけても既に転倒しているケースもありますのでご理解下さい。

■センサーマットの台数には限りがあります。
当施設が保有しているセンサーマットの台数は、全ての利用者に行き渡るほど多くはありません。居室での転倒危険が極めて高い利用者にのみ設置させていただきます。

ご理解をお願いします

〇〇特別養護老人ホーム　担当〇〇

転倒防止の実証実験レポート

　　筆者が経営する株式会社安全な介護では、職員がそばにいて利用者が転倒した場合、どれくらいの確率で転倒事故が防げるのか、実証実験を行い転倒防止確率が低いことを科学的実証データとして確認しました。そのデータの一部を紹介します。

1．実験方法

（1）歩行介助中の転倒防止実験

　　◎利用者は左半身マヒで右手に杖を持って歩行しています。介護職員はやや左後方の手の届く距離に立ち、いざというとき、支えられるように付き添って歩きます。介護職員は利用者との接触を避け、歩行の障害にならないように、50cm くらい離れて付き添って歩行します。

　　◎5ｍの距離を歩行して行き一度だけ転倒しそうになり、介護職員は利用者を転倒させないように支えます。

　　◎転倒の仕方（転び方）

　　　・転倒の仕方（転び方）「患側へのふらつき」「膝折れ」「つまづき」の3種類

　　◎転倒を防止する職員

　　　・1回目〜15回目：介護職員（経験年数14年）

　　　・16回目〜30回目：介護職員（経験年数4年）

（2）見守り中の転倒防止実験

　　車いすに座っている利用者が突然椅子から立ち上がり、直後または一歩踏み出した後に前方に転倒します。少し離れた場所にいる職員が駆け寄って利用者を支えます。

　　・職員の位置は1.5ｍと3.0ｍの2種類

　　・転倒の仕方は「立ち上がってすぐ」「立ち上がり一歩踏み出して転倒する」の2種類

　　・職員の見守り方法は「じっと見守っている」「利用者を見たり見なかったり」「記録などの作業をしながら見守っている」の3種類

2．転倒防止実験の結果（抜粋）

　　転倒防止実験の結果は次のようになりました。

（1）歩行介助中の転倒防止実験

転倒の仕方	転倒防止回数
患側へのふらつき	9 回／10 回（90%）
つまづき	2 回／10 回（20%）
膝折れ	0 回／10 回（0%）
合計	11 回／30 回（36.6%）

（2）見守り中の転倒防止実験

A) 見守り距離 1.5 m

見守りの方法	転倒防止回数	
じっと見守っている	すぐに倒れる	0 回／ 5 回（0%）
	1 歩踏み出して倒れる	3 回／ 5 回（60%）
見たり見なかったり	すぐに倒れる	0 回／ 5 回（0%）
	1 歩踏み出して倒れる	3 回／ 5 回（60%）
作業をしながら	すぐに倒れる	0 回／ 5 回（0%）
	1 歩踏み出して倒れる	1 回／ 5 回（20%）
合計	7 回／ 30 回（23.3%）	

B) 見守り距離 3.0 m

見守りの方法	転倒防止回数	
じっと見守っている	すぐに倒れる	0 回／ 5 回（0%）
	1 歩踏み出して倒れる	4 回／ 5 回（80%）
見たり見なかったり	すぐに倒れる	0 回／ 5 回（0%）
	1 歩踏み出して倒れる	1 回／ 5 回（20%）
作業をしながら	すぐに倒れる	0 回／ 5 回（0%）
	1 歩踏み出して倒れる	0 回／ 5 回（0%）
合計	5 回／ 30 回（16.6%）	

◎転倒の条件による比較

距離による比較	1.5 m	7 回／ 30 回（23.3%）
	3.0 m	5 回／ 30 回（16.6%）

職員の状態による比較	じっと見守っている	7 回／ 20 回（35%）
	見たり見なかったり	4 回／ 20 回（20%）
	作業をしながら	1 回／ 20 回（0%）

転倒の仕方による比較	すぐに倒れる	0 回／ 30 回（0%）
	1 歩踏み出して倒れる	12 回／ 30 回（40%）

　実証実験の結果、歩行介助中の転倒に対しては、転倒の仕方によって防止可能性が異なることがわかりました。ふらつきを防ぐことは可能ですが、つまづきと膝折れは、ほとんど防ぐことができません。また、見守り中の転倒については、立ち上がってすぐに転倒するとほとんど防ぐことはできません。

　これらのデータを活用して、合理的な過失判断を行うとともに、現場の転倒防止活動の見直しの参考にしてください。

施設内の盗難事件への対応のマニュアル

盗難事件の犯人は見つからないことがほとんどですから、解決できずに被害者から管理責任を追及されてトラブルとなりがちです。警察に被害届を提出してもらい、警察の捜査に協力するようにしましょう。届け出ることによって、盗難事件解決の責任の比重は警察に大きく移りますから、反対に施設は対応の矢面に立たされなくて済むのです。

■盗難の訴えへの対応

利用者や家族から現金の盗難の訴えがあった時には、重大な事件として対応する必要があります。家族の中には自分の記憶に自信がなく、「私の記憶違いかもしれないから」と大げさな対応を遠慮する方もいますが、「ほかで失くしたかもしれない」という場合でも、「では、後で勘違いだったということであればご連絡ください」と伝えて、記録に残します。

施設内で盗難事件が発生するというのは施設にとっても重大なことなので、きちんと時間を割いて対応し、記録に残します。

■盗難被害の事実確認

盗難に遭ったという現場に行き、被害者の訴えを聞いて、被害の状況や時刻、被害金額などを聞いてメモします。次に、被害者に盗難被害の事実に確信があるかを確認します。あやふやな記憶で、「お金を盗まれた」と申し出る人もいますので、改めて記憶を確認してもらいます。
「財布の入ったバッグが見当たらない」「バッグに入れておいたはずの財布がない」など、置き忘れや紛失の可能性がある場合には、「心当たりを捜してみましょう」と短時間捜索します。また、「財布から現金がなくなっている」という訴えの場合には記憶違いもあるので、少しの間、記憶を辿って確認してもらうとよいでしょう。記憶があやふやでは、警察に盗難被害届を受理してもらえないこともあります。

金額については、正確を期す必要はありません。「確か財布に5万円入っていたのだが、1万円しかありません」などの確認で十分です。

■証拠を保全する

警察の捜査や検証が入るかもしれないので、できるだけ被害に遭った物品には触れないようにします。また、警備員や担当者に指示をして、エントランスやフロアの防犯カメラの映像すべてを保全しておきます。時間が経過すると自動的に消去されてしまうタイプのものもあるので、データを別に移すなどの手配が必要です。「犯人を目撃した」との訴えがあった場合は、「顔を見たのか」「知っている人か」を確認しメモします。

■警察への被害届を勧める

本人が現金の盗難被害に確信がある場合は、警察への盗難被害の届け出を勧めます。

「大げさに騒ぎ立てたくない」と躊躇している方にも、「あとで盗難被害の事実の確認が必要になった時、警察に届け出ていないと確認ができませんから」と言って説得しましょう。警察に届け出ることで盗難被害への対応は警察が主導で行うことになり、施設は対応の矢面に立たされなくて済むようになります。

「施設で起こったのだから施設が犯人を捜して」と言われたら、現金の盗難は窃盗犯で警察に届け出なければならないことを説明します。「以前施設内で盗難事件があった時、施設で調査をしたら後で、"施設には犯罪の捜査をする権限はないのだから、警察に届け出なければならない" と厳しく指導されました」と言えば理解してもらえるでしょう。

また、被害者が加入している損害保険から盗難被害が補填されることもありますが、この保険金請求には警察への被害届が必要になるので説明しておきます。

■本人が被害の事実に対して確信がない場合

本人の記憶があやふやで、「よく考えてみたら勘違いかもしれない」など、届け出をためらう場合は無理には勧める必要はありません。盗難被害に確信がないのに、軽い気持ちで被害を訴えると、実は思い違いだったという時、本人が辛い思いをしてしまいます。また、盗難被害ということになれば、職員が犯人である可能性もありますから、多少なりとも施設職員は動揺します。

盗難の被害を訴えるということは、周囲の人に疑いの目を向けることになりますので、重大なことだという認識をもってもらわなくてはなりません。

■警察への被害届の提出

実際に警察に盗難の被害届を出すには、直接警察に行って「盗難の被害届を出したい」と言えば、被害届の書き方や届け出の方法を説明してくれます。被害者本人が「警察に行く」と言われた場合は、「施設内で起きたことですからご一緒させてください」と同行したほうがよいでしょう。

また、施設管理者が警察に電話をして、「施設内で盗難被害が発生しました。どのようにしたらよいでしょうか?」と尋ねる方法もあります。警察が現場の調査が必要だと判断すれば、すぐにやってきて現場検証をするかもしれません。また、犯人が判明している場合は、現行犯逮捕となる場合もあります。

警察への盗難の被害届は、後に「実は勘違いだった」という場合は、被害届の取り下げもできますから、被害者に説明して安心してもらいましょう。警察への届け出は、犯人が誰かわかっている場合は被害届ではなく告訴状になる場合もあり、状況によって異なります。警察の担当者に相談してください。

■犯人がわかっている場合

犯人がわかっている場合には捜査の必要はありません。警察は加害者の犯罪事実を立証して立件し検察庁が処罰するために起訴するという手続きになります。この手続きを求めるのは、被害届

ではなく告訴状という書類になります。

　また、被害者に加害者を処罰する意思がない場合は、犯人が損害を補填することを条件に示談で解決することも可能です。犯人が職員であると判明していて、本人が罪を認めた時は、示談で解決することが多くなりますので、被害者とよく話し合う必要があります。警察への届け出の前に、被害者から犯人が職員であることを告げられた場合は、施設が事情聴取して示談で解決するということも考えなくてはなりません。

■職員への対応

　職員には施設内で盗難事件が発生したことを伝えて、警察の捜査の協力要請に従い事件の解決に協力するよう話します。また、施設が主体的に職員の聴取や調査は行わないことも、伝えておくとよいでしょう。もし、警察が介入したことで、職員が自ら盗難の罪を施設に申し出た場合には、前述のように被害者と示談することで捜査を終了することも可能なので、警察にその旨相談します。

　警察の捜査中に、職員の中に怪しい者が浮かんでも、警察に情報提供して聴取や調査はすべて警察に任せ、施設が職員に直接事情聴取することは慎んだほうがよいでしょう。

■警察への捜査協力

　警察に被害届が提出されると、警察が施設に来て職員から事情聴取したり、業務上の書類や防犯ビデオの映像などの提出を求められることがありますので、できる範囲で協力します。施設の業務上の書類の提出を求められた時、職員個人の情報であってもシフト管理表などの業務上の情報であれば提出しますが、個人の身上に関わるプライバシー性の高い情報については拒否することができます。

■山田　滋（やまだ しげる）
　介護と福祉のリスクコンサルタント
　株式会社安全な介護　代表取締役

　早稲田大学卒業と同時に、現・あいおいニッセイ同和損害保険株式会社入社。1996 年より東京営業本部にてリスクマネジメント企画立案を担当。2000 年より介護・福祉施設の経営企画・リスクマネジメント企画立案に携わり、現・株式会社インターリスク総研主席コンサルタントを経て、2013 年（株）安全な介護を設立。

　高齢者福祉施設や訪問介護事業者と一緒に取り組み、現場で積み上げた実践に基づくリスクマネジメントの方法論が「わかりやすく実践的」と評判に。介護と福祉のリスクマネジメントの第一人者として、各種団体や施設の要請により年間 150 回のセミナーを行ってきた。

　コロナ禍の中で、新たに始めた動画セミナーが好評。定期的にメール配信している「安全な介護ニュース」と併せて、介護現場に、今必要な情報を発信し続けている。

　著書に、『新版安全な介護』（ブリコラージュ）、『介護リスクマネジメント（事故防止編）』『介護リスクマネジメント（トラブル編）』（共に講談社）、『介護の現場　きけんまるわかり』（QOL サービス）、『現場から生まれた介護福祉施設の災害対策ハンドブック』（中央法規）など多数。

　セミナー等についてのお問い合わせは HP から。

| 安全な介護 | 検索 |

事例に学ぶ　介護リスクマネジメント
事故・トラブル・クレーム対応　60のポイント

2020 年　12 月 10 日　初版発行		
2024 年　 7 月　1 日　初版第 3 刷発行		
著　者	山田　滋	
発行者	荘村明彦	
発行所	中央法規出版株式会社	

〒 110-0016　東京都台東区台東 3-29-1　中央法規ビル
TEL 03-6387-3196
https://www.chuohoki.co.jp/

装幀　タクトデザイン
本文デザイン　久保田哲士・児玉幹夫
イラスト　井上秀一（コミックスパイラる）
編集協力　有限会社七七舎・境　朗子・深田修一郎
印刷・製本　図書印刷株式会社

ISBN978-4-8058-8260-3